NOTRE-DAME DE PARIS, RESSUSCITÉE

Du même auteur

Le monde selon François. Les paradoxes d'un pontificat, Le Cerf, 2014.

Le pape du peuple, avec Juan Carlos Scannone, Le Cerf, 2015.

L'affaire Ramadan, Fayard, 2019.

Bernadette Sauvaget

Notre-Dame de Paris, ressuscitée

Fayard

La collection *Choses vues* est dirigée par Nicolas Diat

Couverture : Le Petit Atelier
Illustration de couverture : © Patrick Zachmann / Magnum

ISBN : 978-2-213-71772-2

Dépôt légal : novembre 2024.

Avant-propos

Je suis là par hasard, ce 15 avril 2019. Il est aux alentours de 19 heures 10. « À cause de l'incendie en cours à Notre-Dame, la station Saint-Michel va fermer », s'époumone un haut-parleur. La journée a été très chargée en chagrin, à cause des funérailles d'un ami. À entendre l'annonce, les foules du métro et du RER s'agacent, craignent de perdre du temps. Flotte aussi de l'incrédulité. Un incendie à Notre-Dame ? Personne n'y croit vraiment. J'en souris moi-même.

À la sortie, sur le quai Saint-Michel, l'ampleur du désastre apparaît immédiatement. Le regard est happé par l'immense colonne de fumée qui s'échappe du toit de la cathédrale et s'élève dans le ciel de Paris. Malgré moi, une image me vient à l'esprit. Ces bouffées blanches et jaunâtres évoquent le tragique champignon atomique au-dessus d'Hiroshima. D'étranges volutes polluent l'air que nous respirons. Nous ne le savons pas encore. Le plomb de la toiture et de la flèche, entré en fusion, colore étrangement les fumées.

Je remonte les quais Saint-Michel et de Montebello. Déjà, l'incendie rougeoie, dévore de larges pans de la toiture. J'appelle un ami. Nous avions prévu de dîner ensemble. Il est sidéré par ce que je lui annonce. Notre-Dame est en feu ; oui, Notre-Dame est en feu. Et cela paraît incroyable. L'émotion creuse un grand vide noir. Dans la soirée, certains cherchent désespérément un sens au drame. C'est un moment de chaos. De l'autre rive de la Seine, je perçois la chaleur de l'incendie. Les flammes qui s'échappent de la toiture lèchent l'immense échafaudage dressé pour la rénovation de la flèche, érigée par Viollet-le-Duc au XIXe siècle. À ce moment-là, on ignore, bien sûr, ce qui a provoqué l'incendie. Il ravage l'un des monuments les plus emblématiques de l'histoire de France, l'un des plus populaires aussi grâce à Victor Hugo. Au cœur de la foule qui se rassemble peu à peu sur les quais, le désarroi se devine. Les cathédrales nous relient tous, au moins un peu, à l'histoire et au ciel. Notre-Dame est peut-être le dernier lien symbolique avec le catholicisme d'une société déjà profondément sécularisée.

Ce soir-là, les flammes de l'incendie nous hypnotisent. Ce moment est littéralement demeuré au présent. Cette nuit du 15 au 16 avril 2019 est aussi le début d'une histoire qu'il fallait raconter. La culture mondialisée s'incarne, tout à coup, dans autre chose qu'un film ou une chanson. Elle glorifie et pleure un monument, vieux de plus de huit cents ans et qui avait, sans trop de dommages, traversé ces siècles.

L'incendie de Notre-Dame n'est plus seulement une affaire française ; la cathédrale est devenue un peu de l'âme du monde. C'est là aussi un des mystères de ce moment.

Dans la vie d'une journaliste, il y a peu d'événements qui atteignent un tel degré d'intensité. Ce qui vaut en soi de s'y intéresser, de le raconter. Le fait que Notre-Dame fascine et parle à tant et tant de personnes ne laisse pas d'intriguer. Elle n'est certainement pas la plus belle des cathédrales. Ce qui la magnifie est le site où elle a été édifiée, l'île de la Cité. C'est du chevet, embrassé par la Seine, que la vue sur le monument est la plus remarquable. Toutefois blessée par l'incendie, étêtée par les flammes, Notre-Dame est devenue touchante dans sa fragilité. Elle attire toujours à elle les Parisiens et les visiteurs de passage, s'enquérant de ses nouvelles.

Dès le lendemain de l'incendie, une autre aventure a commencé, celle de la restauration. L'attention du monde entier ne faiblit pas pendant plusieurs mois. Pour les journalistes, il est très compliqué d'approcher le chantier. L'obstacle vient surtout, à ce moment-là, des demandes qui ne cessent d'affluer. À l'approche de l'été 2019, pour s'y rendre, il faut beaucoup insister auprès du ministère de la Culture, qui n'a pas encore été totalement dépossédé de ses prérogatives. Je visite pour la première fois le chantier en juillet 2019, quelques semaines avant qu'il ne soit suspendu par l'inspection du travail à cause de la pollution aux poussières de plomb. Les charpentiers procèdent à une opération délicate et spectaculaire aux yeux d'une néophyte, la mise sur cintre des arcs-boutants du chevet. Enfin, spectaculaire, tout court. Et hors norme, comme m'expliquent ces hommes et ces femmes, ces passionnés du monument, ces traumatisés de l'incendie. Contrairement à ce que l'on laisse croire, la cathédrale n'est pas encore sauvée. La peur rôde encore.

Ce chantier de cinq ans et quelques mois entre en écho avec ceux du Moyen Âge. Chaque nouvelle visite, chaque nouvelle rencontre est un moment privilégié, inoubliable. On touche les voûtes, on tutoie le ciel. Les restaurateurs, les compagnons et les ouvriers éprouvent tous cette fierté, ce bonheur d'être là, partie prenante d'une aventure qui vaut la peine d'être racontée. La cathédrale, tapissée d'échafaudages, se laisse redécouvrir dans ses recoins inattendus et ses beautés insoupçonnées. Chaque parcelle de mur est nettoyée, chaque chapelle, restaurée. Les charpentes sont remontées. Une lumière blonde, si surprenante, enveloppe désormais la cathédrale, qui, sans être tout à fait une autre, n'est plus tout à fait la même.

Nuit tragique à Notre-Dame

(15 avril 2019)

Dans la cathédrale, la dernière messe de la journée vient à peine de commencer en cette fin d'après-midi, le 15 avril 2019. Le recteur de Notre-Dame, Patrick Chauvet, petit homme sec et volubile, a déjà achevé sa journée et boit tranquillement un verre à la terrasse du café-restaurant *À l'Ombre de Notre-Dame*. Ou « chez Mado » pour les habitués : ouvriers du chantier de restauration, employés du ministère de la Culture en charge du monument, salariés du diocèse… La grande famille, en somme, de Notre-Dame et de la rue du Cloître-Notre-Dame. « Les commerçants, ici, je les connais tous », raconte le prêtre[1], un peu mondain, proche de Rachida Dati, qu'il a introduite dans la haute société catholique parisienne. En connaisseur, il ne dédaigne pas, à l'occasion, de savourer un bon whisky. Dans l'édi-

1. Mgr Patrick Chauvet a été recteur-archiprêtre de Notre-Dame, de 2016 à 2022, remplacé au moment du changement d'archevêque de Paris. Olivier Ribadeau Dumas lui a succédé.

fice l'alarme sonne une première fois à 18 heures 23, précisément.

Sur le parvis où il a un rendez-vous professionnel, André Finot, le chargé de communication de la cathédrale, se précipite à l'intérieur pour aider à évacuer les fidèles. Il n'est pas vraiment inquiet. Le système, semble-t-il, se déclenche souvent indûment. Fausse alerte, croit-on, une fois encore. Tout rentre apparemment dans l'ordre et la messe reprend. Finot, lui, laisse un message ironique sur le portable de Philippe Villeneuve, l'architecte en chef des monuments historiques en charge de la cathédrale. Pour le moquer un peu à propos de ces alertes intempestives. Les uns et les autres ne savent pas encore que leur vie est en train de basculer et que les flammes ravagent déjà le grand comble. Une seconde alerte retentit rapidement.

« C'est Mado qui m'a montré la fumée qui montait du toit », raconte Patrick Chauvet. Elle, c'est le pilier du quartier, « la mère des compagnons », dit Philippe Villeneuve, qu'elle nourrit généreusement à l'heure du déjeuner. À plus de 80 ans, Mado, femme douce mais déterminée et qui mène son monde, n'arrive toujours pas à s'arracher de l'ombre de l'édifice, son univers, sa vie. Elle part à peine en vacances. « Elle s'ennuie, au bout de huit jours, dans sa maison du Morbihan », raconte Jean-Michel Guilment, qui appartient lui aussi à la grande famille de Notre-Dame. Débarquée à Paris, à l'âge de 13 ans, de sa Bretagne natale pour travailler chez des maraîchers au Vésinet, Mado a rencontré Robert, un Auvergnat, dans un bal de la rue de Lappe, dans le quartier de la Bastille. Ils ont acheté leur « affaire », comme elle dit, rue du Cloître-Notre-Dame en 1964. Mado n'a plus bougé. Depuis, elle voit passer les recteurs et les archevêques successifs. Et croise, chez elle, chaque jour, le monde entier. Du parvis, André Finot, lui aussi, aperçoit de la fumée. « Cela montait entre les deux tours, se souvient-il. Je me suis approché par la droite et j'ai vu que cela partait de la flèche. »

Erreur tragique

Le chargé de communication donne l'alerte aux responsables du monument. André a le carnet d'adresses le plus fourni pour tout ce qui concerne la cathédrale. Serviable, l'homme est apprécié. Son numéro de téléphone circule beaucoup, y compris auprès des concierges des grands palaces parisiens, qui le contactent quand des célébrités souhaitent une visite « VIP ». Finot aime Notre-Dame. Profondément. « Quand j'ai pris mes fonctions, le recteur m'a dit : "C'est la cathédrale qu'il faut que tu serves ! Pas moi" », raconte-t-il.

Après un dramatique cafouillage, la sécurité comprend enfin où devrait se situer l'incendie. Elle a d'abord confondu les combles de la sacristie avec ceux de la nef. L'un des salariés de la cathédrale, un ancien gendarme, grimpe, à toute vitesse là-haut, accompagné d'un agent de sécurité. Les deux hommes doivent opérer ce qu'on appelle la levée de doute, c'est-à-dire vérifier pourquoi l'alarme s'est mise en route. Dans le grand comble, c'est déjà le désastre, les flammes affolent les deux hommes, qui ne pensent pas ou n'osent faire usage des extincteurs, nombreux, placés là par l'entreprise qui monte un immense échafaudage pour la restauration de la flèche. Le salarié prend une photo, la seule qui témoigne du départ du feu. Il est 18 heures 48, tel que l'indique l'horodatage. Sur le cliché, assez sombre et peu lisible, les flammes semblent s'élever à partir de la base de la charpente. Dans la pénombre se devinent les grosses poutres médiévales qui vont bientôt se consumer.

Un peu avant 19 heures, le portable de Marie-Hélène Didier commence à s'affoler. La conservatrice générale des monuments historiques est au château de Versailles pour l'inauguration de l'exposition consacrée à Madame de Maintenon. Le régisseur de Notre-Dame, Laurent Prades, est aussi de la partie. La soirée s'annonce agréable et festive. Pour eux deux, elle vire rapidement au drame. « Je reçois un appel téléphonique et on me dit qu'il y a de la fumée qui sort de Notre-Dame », raconte Marie-Hélène Didier, chargée, pour le ministère de la Culture, du mobilier et des œuvres d'art de la cathédrale. Une photo lui parvient. Laurent Prades, qu'elle croise dans la cour du château, a lui aussi été alerté. Le régisseur a reçu la photo du départ de l'incendie dans le grand comble, qui l'a littéralement terrassé. Après avoir alerté ses équipes, la conservatrice file en voiture vers Paris. Le régisseur, quant à lui, fonce vers la gare. Sur le quai, il reçoit un appel de Patrick Chauvet, déjà désespéré. Prades lutte comme il peut contre l'angoisse qui monte.

Le recteur récite son chapelet

Du parvis, André Finot a immédiatement alerté Jean-Michel Guilment. Cet ingénieur du patrimoine a en charge toutes les cathédrales d'Île-de-France à la Direction régionale des affaires culturelles. Comme Laurent Prades, c'est une mémoire du monument. Guilment est précis, patient, pédagogique. Et comme tous les autres, un passionné de Notre-Dame. « Ce n'est peut-être pas la plus belle. Mais elle est unique, dit-il. Pour le milieu des monuments historiques, elle a une place particulière. C'est là que notre métier est né, qu'il s'est inventé pendant la grande restauration d'Eugène Viollet-le-Duc menée au XIXe siècle. » Quand Finot le prévient, Guilment est en train de rentrer chez lui, dans le 18e arrondissement. Il fait immédiatement demi-tour et arrive rapidement en métro. « Quand je suis sorti à l'Hôtel de Ville, j'ai tout de suite compris que c'était fichu », se souvient-il. L'ingénieur du patrimoine garde en mémoire les incendies qui ont ravagé d'autres édifices. Il sait, à cet instant, que la charpente et les toitures ne sont plus sauvables. Cependant sa connaissance de Notre-Dame et des principes de sa construction, en particulier les voûtes en pierre, le rassure.

Chauvet a gagné le parvis. Il y retrouve la maire de Paris, Anne Hidalgo, venue à pied de l'Hôtel de Ville. « Elle a été extrêmement gentille, ne m'a plus quitté », raconte-t-il. Le recteur de Notre-Dame s'inquiète de plus en plus. « Les premiers pompiers mettent beaucoup de temps à arriver », dit-il. Pour conjurer la catastrophe, ce soir-là, Chauvet égrène son chapelet. « J'ai eu peur, oui, que Notre-Dame disparaisse », confie-t-il. Les toits s'embrasent. Rejoints par Franck Pagnussat, le conducteur de travaux de l'entreprise qui édifie l'échafaudage, Guilment et Finot se retrouvent quai de Montebello pour suivre la progression de l'incendie.

D'immenses volutes de fumée, épaisses et jaunâtres, s'enroulent et montent dans le ciel de Paris. La foule, éberluée, commence à s'agglutiner. Sur place, quelques policiers tentent, comme ils peuvent, de faire reculer les badauds. Sur les quais, les voitures continuent à circuler. « Éloignez-vous, cela peut exploser », crie une policière. Est-ce la crainte d'un attentat ? Nul ne sait à ce moment-là ce qui a provoqué le départ de cet incendie. Sa progression est fulgurante, angoissante. Un peu avant 19 heures 30, les flammes lèchent déjà les deux pignons du transept. Dévorée par le feu, la flèche est devenue invisible, enveloppée par un épais nuage de fumée. Sur une nacelle, un pompier, silhouette lointaine, donne l'impression d'évaluer la situation, déjà hors de contrôle. Pour les soldats du feu, une nuit d'apocalypse s'annonce.

Franck Pagnussat et Jean-Michel Guilment décident de s'approcher, d'aller prêter main-forte, sauver ce qui peut l'être à l'intérieur du monument. « Ce n'était plus possible d'y accéder par le parvis », explique Guilment. Les deux hommes se rendent au chevet. Pagnussat saute par-dessus les grilles du square qui entoure le bâtiment. L'ingénieur du patrimoine, moins téméraire, renonce à l'escalade. « Un pompier tente d'ouvrir les grilles avec une pince. Mais il n'y arrive pas », raconte Guilment. Pagnussat les enfonce finalement avec un petit engin de chantier, ouvrant la voie à Guilment et aux pompiers.

Le code du coffre

Le parvis est bouclé. Notre-Dame est en feu et c'est la France qui brûle d'anxiété. Emmanuel Macron a renoncé à l'intervention télévisée qu'il doit prononcer ce soir-là pour tenter de clore la crise des Gilets jaunes. Le chef de l'État et une partie du gouvernement arrivent sur place. Le quartier est de plus en plus difficile d'accès et l'archevêque de Paris, Michel Aupetit, d'abord réticent à venir sur place, peine à les rejoindre. À l'intérieur de la cathédrale, la priorité est donnée au sauvetage des « reliques de la Passion », les plus précieuses, principalement la présumée couronne d'épines du Christ, achetée à Byzance à grand prix et rapportée à Paris au XIIIe siècle par Louis IX, le futur Saint Louis. Le téléphone d'André Finot ne cesse de sonner. On l'appelle du monde entier. L'incendie provoque un immense élan de solidarité. « Le PDG d'un grand groupe hôtelier propose des chambres pour héberger les salariés de la cathédrale », raconte-t-il. Rue du Cloître-Notre-Dame, les habitants et les commerçants ont déjà été évacués.

La station Saint-Michel, elle, est fermée depuis une heure. Laurent Prades est contraint de descendre à celle du musée d'Orsay. Il attrape un Vélib'. « Un policier de la préfecture de Police m'attendait sur le parvis », raconte-t-il. On a besoin de lui pour ouvrir le coffre qui contient les reliques, sauver les œuvres d'art. « Je ne sais pas si la flèche est tombée à cause du panache de fumée qui se répand », précise-t-il. Dûment escorté, il entre. « L'ensemble est plongé dans la pénombre du soir, altérée par les faisceaux des torches des pompiers », décrit-il, dans un texte rédigé pour se remémorer ces moments-là. Il évoque « une atmosphère enfumée en hauteur, comme une nappe de brouillard », « une pluie d'escarbilles » qui « tombe depuis les voûtes, douce et lente, comme des flocons de neige, leur incandescence magnifie la pénombre ». Pour Laurent Prades, c'est un « moment surréaliste, sublime et effrayant de beauté ». À l'instant d'ouvrir le coffre des reliques, l'angoisse monte. Le régisseur a oublié deux des chiffres de la combinaison. Ce n'est pas lui, mais le sacristain, qui se charge habituellement de sortir et de remettre les reliques au coffre. Un SMS sauve la situation. « Le coffre était conçu de toute façon pour résister au feu et à des chocs importants », révèle le régisseur.

Arrivé en urgence de La Rochelle, Philippe Villeneuve est déjà attendu à la gare par une équipe de télévision. L'architecte est pris un peu au dépourvu, sème le cadreur qui le filme. Accablé, il se tient en retrait. Marie-Hélène Didier peine, de son côté, à se garer. La flèche s'est écroulée depuis plus d'une heure quand elle rejoint enfin la direction du patrimoine du ministère de la Culture qui l'attend sur le parvis. « En file indienne, les pompiers nous conduisent jusqu'à la base de vie au chevet de la cathédrale. » La conservatrice se livre à un rapide inventaire de ce qui a été déjà extrait du monument, une cinquantaine d'objets. « Les pompiers, raconte-t-elle, ont sorti ce qu'ils pouvaient, ce qui se prenait facilement à la main, des chandeliers, du mobilier... Il y aussi les reliques. [...] La tunique de Saint Louis était pliée dans un sac en plastique », se souvient-elle.

Les reliques sur les genoux

L'incendie continue de faire rage. La sacristie, où sont rassemblées les pièces les plus remarquables – calices, reliquaires, etc. –, est sécurisée. En fin de soirée, les pompiers prennent une décision. C'est maintenant ou jamais qu'il s'agit de sortir encore quelques objets précieux. « Ils nous proposent de pénétrer à l'intérieur, explique Marie-Hélène Didier. Avant l'incendie, un plan de sauvegarde avait été établi, répertoriant les objets à sauver en priorité, les reliques de la Passion, des reliquaires, une Vierge en argent du XIXe, la croix Palatine. » C'est l'une des œuvres les plus précieuses du trésor.

La petite troupe se met en route. « Est-ce que je pense que la cathédrale va brûler entièrement ? Je crois que je ne pense plus depuis longtemps. Je fais ce qu'il y a à faire au moment où il faut le faire. Je me souviens surtout du bruit de l'eau, des lances des pompiers. Il fait nuit, nous longeons la cathédrale. Il y a des projecteurs, mais nous ne voyons rien. De l'eau nous arrive jusqu'aux chevilles. » Notre-Dame abrite une vingtaine de tableaux de très grand format signés par des maîtres comme Guido Reni, Annibal Carrache, Laurent de La Hyre ou encore Charles Le Brun. Impossibles à déplacer à cause de leur taille, ils demeurent à l'intérieur de l'édifice. La mobilisation est générale. De nombreuses institutions proposent leur aide. Ce qui a été sauvé des flammes est entreposé à l'Hôtel de Ville. « Je suis partie avec le premier camion, explique Marie-Hélène Didier. Les reliques étaient posées sur mes genoux. » Le périmètre est totalement bouclé. Jean-Michel Guilment se souvient de policiers en armes postés le long du trajet des camions qui évacuent les objets.

Une fois l'incendie circonscrit, les pompiers s'inquiètent principalement de l'état du pignon nord, situé rue du Cloître-Notre-Dame, très exposé aux flammes. Risque-il de s'écrouler sur les immeubles ? Pour y voir plus clair, un commando se rend sur place. Philippe Villeneuve, Jean-Michel Guilment et Laurent Prades accompagnent les pompiers. La troupe grimpe dans un immeuble au plus près du pignon nord. Une porte est défoncée. « Nous sommes entrés dans un appartement, raconte Guilment. Sur la table de la salle à manger, il y avait encore les couverts, les assiettes et un pot de yaourt. Les habitants avaient été évacués en urgence, en plein milieu de leur repas. C'était surréaliste. » À 2 heures du matin, la conservatrice Marie-Hélène Didier craque, fond en larmes. « On m'a envoyée me coucher », dit-elle. La mairie de Paris a élégamment réservé une chambre d'hôtel pour le recteur Chauvet. « J'ai préféré rentrer chez moi », raconte-t-il. Il a dû négocier un peu avec les policiers en faction. Mais il a le bagout pour ça. Cette nuit-là, dans son appartement de fonction, il est sans doute le seul habitant à avoir dormi rue du Cloître-Notre-Dame.

La « famille », elle, se retrouve chez Laurent Prades, qui habite tout à côté. Le silence a repris Paris. « Nous avons débouché des bouteilles pour décompresser », raconte le régisseur. À sa bande de copains, il a aussi servi les terrines qu'il cuisine lui-même. La télé est allumée. « C'est à ce moment-là que je me suis rendu compte que l'incendie de Notre-Dame avait bouleversé la France et le monde, raconte Guilment. Nous n'avions rien vu, nous, de toutes ces images. » André Finot est invité, le matin même, sur une chaîne d'information en continu. Il quitte la troupe vers 3 heures du matin, entre une dernière fois dans la cathédrale avant de monter dans son taxi. Finot est seul dans Notre-Dame. « La souche de la flèche ne s'est pas encore effondrée et la voûte à la croisée du transept est toujours en place », raconte-t-il. Il prend une photo, la dernière avant que le monument ne soit éventré et le reste durant quatre années. « J'ai dormi trois heures, se souvient Marie-Hélène Didier, et en me réveillant, j'ai demandé à mon mari si les tours étaient toujours debout. » Évacuée comme tous les habitants de la rue du Cloître-Notre-Dame, Mado, elle, a attendu trois jours pour pouvoir revenir nourrir enfin ses chats.

Chartres, 4 juin 1836

À 18 h 15, le 4 juin 1836, le tocsin sonne et donne l'alerte dans toute la ville. La cathédrale brûle. Le feu a pris à l'angle nord-ouest du transept. La mobilisation est immédiate pour soutenir les efforts des pompiers, de la garde nationale et de la gendarmerie. Des chaînes humaines se mettent en place pour se passer les seaux d'eau de main en main. Des pompes sont installées, celles de la ville et des villages environnants qui viennent prêter main-forte.

L'incendie fait rage pendant une douzaine d'heures et met en danger le quartier des Changes et la ville basse. Les malades de l'hôtel-Dieu sont évacués. L'origine est assez vite établie. Il s'agit d'une imprudence de deux ouvriers : un cagnard allumé

s'est renversé tandis qu'ils menaient des travaux sur la toiture endommagée par une tempête.
« Le dégât est immense dans toute la partie supérieure de l'église et, qui plus est, irréparable. Pour la forêt [c'est-à-dire la charpente, NdA], cela va sans dire », écrit Victor Hugo, qui s'est rendu à Chartres quelques jours après le désastre. L'écrivain est aussi ému par la beauté de l'édifice blessé. « La cathédrale sans toit est d'un effet étrange et qui a sa beauté, écrit-il, lyrique. Les murs sont si chargés de colonnettes et de piliers en gerbes et de nervures que, de la porte Guillaume d'où on la voit dans toute sa magnificence, elle apparaît au-dessus de la ville comme un immense orgue de pierre. Vue du haut du grand clocher, la croupe incendiée et mise à nu est superbe. On dirait le dos d'un monstre énorme. »

Deux lois sont promulguées, l'une en 1836 et l'autre en 1837 afin de fixer les modalités de la restauration, financée par l'État et des collectes menées sous l'égide de l'Église catholique. Contrairement à ce qui s'est passé à Notre-Dame de Paris presque deux siècles plus tard, la reconstruction de la charpente et de la toiture ne se fait pas à l'identique. Le fer et la fonte remplacent les châtaigniers de la charpente du comble et le cuivre, le plomb de la toiture. Victor Hugo s'insurge. « Où sont les châtaigniers ? Où sont les charpentiers ? La matière et l'ouvrier manquent, s'exclame-t-il. On fera un comble en fer, triste expédient qui heureusement au moins ne se verra pas du dehors. »

La cathédrale souffrante

(Sur les terrasses de Notre-Dame, juillet 2019)

Notre-Dame de Paris, à l'été 2019, menace toujours de s'effondrer. À une heure du matin, le 16 avril, chacun s'est félicité que le feu n'ait pas ravagé l'édifice. Malgré les discours rassurants, d'importants travaux de sauvetage sont indispensables pour que la cathédrale tienne debout. Dès le matin du 16 avril, il a fallu commencer à panser les plaies, mettre hors d'eau le monument. Une bâche a été tendue au-dessus de la cathédrale, dans les jours qui suivent l'incendie, juste avant l'arrivée des pluies. « Ce qui s'est amorcé avec l'incendie, c'est la mécanique des ruines », explique à *Libération* l'architecte en chef des monuments historiques, François Chatillon. Il faut mettre en sécurité le bâtiment, éviter d'urgence que les dégâts s'aggravent.

En juillet, une soixantaine de charpentiers, tailleurs de pierres, échafaudeurs, archéologues et cordistes s'affairent. Protégé par de hautes palissades, le chantier est soumis à de strictes mesures de sécurité et de protection, donnant l'impression d'un camp retranché. Sur le parvis et dans la cathédrale, le taux de plomb est très élevé. Sur les terrasses extérieures du chœur, chacun suffoque de chaleur, engoncé dans sa combinaison et les mains entravées par des gants ; les compagnons ont interdiction de boire sur le chantier, de peur qu'ils ingèrent des poussières de plomb. À plus d'une vingtaine de mètres au-dessus du sol, l'œil balaie l'ensemble des grands monuments de la capitale, la Seine d'une couleur vert bouteille déroule son tracé sinueux, coupant Paris en deux.

L'un après l'autre, les arcs-boutants du chœur (quatorze en tout) sont renforcés par des cintres en bois, pesant chacun huit tonnes. Ils sont hissés sur les terrasses grâce à une grue. Symbole de l'art gothique, les arcs-boutants, en équilibrant les poussées, ont permis aux bâtisseurs du Moyen Âge d'édifier des cathédrales aux allures aériennes. À Notre-Dame, après l'incendie, leur mise sur cintres est urgente. Car en cas d'écroulement des voûtes – une hypothèse qui est loin d'être farfelue à ce moment-là –, les arcs-boutants pousseraient les murs vers l'intérieur et la cathédrale risquerait de s'effondrer sur elle-même. « Mettre sur cintres toute une cathédrale, cela ne s'est jamais fait », explique, lors de la visite du chantier, Jean-Michel Guilment, ingénieur du patrimoine à la DRAC d'Île-de-France, en charge des cathédrales franciliennes.

L'opération est méticuleuse. Et spectaculaire. Chaque cintre est conçu et construit sur mesure. « Tout est calculé au centimètre près par les ingénieurs », résume Jean-Michel Guilment. Sur le chantier de Notre-Dame, la technologie du XXIe siècle soutient les travaux de sauvetage. En tant que tels, les cintres en bois ne sont pas des étais classiques. Ils sont ajustés à quelques centimètres sous les arcs-boutants afin de permettre à ces derniers de se poser sur les cintres, au cas où les voûtes s'effondreraient.

Depuis l'incendie, leur état est une source majeure de préoccupation. Des capteurs les surveillent en permanence. « Pour le moment, nous n'avons pas eu de mouvements inquiétants », assure-t-on, en juillet 2019, sur le chantier. Jean-Michel Guilment met immédiatement un bémol à cet optimisme : « Lorsque des voûtes sont partiellement effondrées, nous ignorons comment elles peuvent réagir. » L'ensemble est fragile, notamment à la croisée du transept, où se situait la souche de la flèche.

Des pierres et des voûtes

Dans la nuit du 15 au 16 avril, les voûtes en pierre ont cependant évité un grand désastre à Notre-Dame. « Elles ont joué leur rôle et l'ont protégée », explique Philippe Villeneuve, en charge de la cathédrale depuis 2013. Au moment où la charpente en bois brûlait, les voûtes ont stoppé la propagation de l'incendie de la toiture à l'ensemble de l'édifice. À partir du IXe siècle, les bâtisseurs du Moyen Âge ont édifié les voûtes en pierre. Auparavant elles étaient en bois et les incendies ravageaient régulièrement les lieux de culte. « Les cathédrales, bien sûr, brûlent. Mais, jusqu'ici, Notre-Dame de Paris avait été épargnée, explique, le lendemain de l'incendie, l'historien de l'art Jean-Michel Leniaud, président de la Société des Amis de Notre-Dame de Paris. C'était l'une des dernières charpentes médiévales qui subsistaient. C'est une perte immense, tout comme l'effondrement de la flèche de Viollet-le-Duc. La catastrophe qui vient de se produire est, je pense, le résultat d'une responsabilité collective. »

En protégeant Notre-Dame, les voûtes en pierre ont beaucoup souffert. Elles ont subi la chaleur de l'incendie et ont été noyées sous des tonnes d'eau par les pompiers. « Tout cela est en train de sécher », explique Jean-Michel Guilment. Personne, à l'été 2019, ne se hasarde à émettre un avis définitif quant à leur état. Il faut d'abord aller voir au plus près. À ce moment-là, c'est impossible. Au-dessus, à cause des débris de l'incendie. En dessous, leur fragilité (réelle ou supposée, nul ne le sait) interdit d'approcher. Il faut d'abord consolider l'édifice et construire un plancher pour y accéder.

L'urgence, c'est de déblayer les décombres : morceaux de bois brûlés, résidus du toit, bouts de charbon. Lors de l'incendie, une grande partie s'est accumulée au-dessus des voûtes. La tâche a été confiée aux cordistes, considérés (peut-être un peu trop) comme les héros du chantier, des hommes expérimentés qui interviennent sur de grands monuments, tels que le musée d'Orsay ou la tour Eiffel. À Notre-Dame, après le drame du 15 avril, ils travaillent, c'est vrai, dans des conditions extrêmes.

« Nous venons de terminer de déblayer au-dessus du bras nord du transept », précise, ce jour-là, Grégory Vacheron, le chef d'équipe. L'opération de nettoyage a duré deux mois et demi. Bientôt ce sera le tour du bras sud du transept, puis de la nef. « Les charpentiers ont d'abord monté un faux plancher au-dessus de la voûte. Puis nous avons installé nos cordes avec un système de treuils », explique Enzo Elfassy, l'un des cordistes. Comme tous, le jeune homme ressent une fierté immense de participer à l'opération de sauvetage. « Le soir de l'incendie, mes grands-parents pleuraient devant leur télévision, raconte-t-il. Pour moi, c'est incroyable d'être là. » Son chef approuve : « Nous sommes en train de marquer l'histoire, dit-il. Nous pourrons dire qu'on y était. » Pour le grand ménage des voûtes, les cordistes travaillent harnachés dans le vide. « Nous nettoyons à la main, à la pelle », raconte Enzo Elfassy. C'est fatigant, éprouvant dans une touffeur accablante tandis que la canicule règne sur la capitale.

En quelques semaines, un mini-village a surgi au chevet de la cathédrale, une base de vie faite d'algécos. C'est là que Philippe Villeneuve a ses bureaux. Il porte souvent une veste en velours, ce qui lui donne une allure de gentleman-farmer. L'architecte est d'un abord chaleureux. L'homme est même parfois facétieux. Mais il ne faut pas s'y tromper. Villeneuve sait aussi être cassant. Notamment pour défendre ses équipes. Le soir de l'incendie, il était chez lui, dans sa maison en Charente-Maritime. Il a sauté dans le premier TGV qui partait de La Rochelle. L'architecte est arrivé à 22 h 34 à la gare Montparnasse. Le feu dévorait déjà depuis presque quatre heures la charpente médiévale et la toiture de la cathédrale, crachant au-dessus de Paris ses volutes de fumée.

Le H de Victor Hugo

Un attachement presque charnel lie Philippe Villeneuve à sa « cathédrale chérie », qu'il vit, dit-il, de « tout son être ». Au mur de son bureau provisoire, l'architecte a accroché, comme un talisman, une gravure de Notre-Dame. C'est une vue de la façade qui dessine ce H si caractéristique de l'édifice. Un H, comme l'initiale du patronyme de Victor Hugo, peut-être ? C'est ce que le poète Auguste Vacquerie imaginait. L'écrivain le méritait, lui qui a sauvé la cathédrale grâce à son roman homonyme, paru en 1831 et qui connut un immense succès. « Ce chantier est un formidable défi, s'enthousiasme Philippe Villeneuve, malgré les soucis et les aléas qui l'accablent. Il faut être réactif, vigilant, prudent, très prudent. Nous ne sommes pas en train de faire une autopsie de Notre-Dame, mais de la passer au scanner. L'échelle est gigantesque : la cathédrale, c'est 130 mètres de long, et la flèche culminait à 93 mètres. »

Face à Villeneuve, il y a depuis le lendemain de l'incendie un général d'armée, Jean-Louis Georgelin, nommé représentant spécial du président de la République pour mener tambour battant le chantier de la restauration. Dans l'histoire de ce chantier exceptionnel, il y aura, à intervalles réguliers, une confrontation entre ces deux personnalités hors du commun et que tout sépare.

La mission de Georgelin a d'ailleurs commencé par une énorme bévue médiatique. Une vingtaine de jours après l'incendie, la première chaîne de télévision à entrer dans Notre-Dame incendiée n'est pas française. Elle est américaine, ABC News. La chaîne a obtenu exceptionnellement l'autorisation du général de filmer l'intérieur dévasté : les gravats, les poutres calcinées au milieu du chœur, la béance dans la voûte de pierre. Était-il habilité à le faire ? En tous les cas, il n'a pas hésité. Avec sa culture militaire, Georgelin s'embarrasse peu des bonnes manières. Casque de chantier sur la tête et sanglé dans un très civil imperméable, il « drive » l'équipe d'ABC News à l'intérieur du monument. Le présentateur vedette de la chaîne, David Muir, l'accompagne et interroge ce militaire cinq étoiles sur les difficultés du chantier. Georgelin rétorque dans un anglais plombé par un accent hexagonal : « *Nothing is impossible for a French general.* » L'initiative intempestive froisse. Et cela jusque dans l'entourage de Franck Riester, le ministre de la Culture, probablement tenu à l'écart de ce privilège accordé à une chaîne américaine.

Un président sans casque

À l'été 2019, l'accès à l'intérieur de Notre-Dame demeure très strictement réglementé. Quelques rares visites se font au compte-gouttes. Il y a eu celle du milliardaire François Pinault, généreux mécène de la reconstruction. Après avoir consulté sa famille, il est le premier à avoir annoncé mettre sur la table une somme faramineuse, cent millions d'euros. Grâce à l'entregent du recteur-archiprêtre de la cathédrale, Patrick Chauvet, le cardinal de la curie romaine, Robert Sarah, de passage à Paris, a pu visiter rapidement, lui aussi, l'intérieur dévasté. De manière privée, le président de la République, en costume, est venu en mai. Sur les photos, il ne porte pas de casque, ne s'inquiète pas de l'état des voûtes en traversant la croisée du transept.

Protégées par des équipements spéciaux, dont des masques à ventilation assistée, une douzaine de personnes s'activent au quotidien dans le monument, des archéologues pour la plupart et deux conducteurs de robot. « Personne ne circule dans la nef centrale. Il n'y a que les bas-côtés qui sont accessibles », explique Jean-Michel Guilment. Des robots téléguidés, en fait des mini-pelleteuses, se chargent d'enlever les décombres du chœur. Du trou laissé par l'effondrement de la souche de la flèche, on découvre l'étrange enchevêtrement de l'échafaudage, en partie brûlé. En tombant, la flèche a crevé une petite partie des voûtes. Puis a fini de se consumer à l'entrée de la nef, au pied des deux gros piliers de Notre-Dame. Abîmés par le feu, ils ont été frettés (cerclés) en urgence pour éviter qu'ils n'éclatent et ne menacent l'équilibre général de la cathédrale.

« Toutes les œuvres d'art ont été mises à l'abri », assure Jean-Michel Guilment. Dans les jours qui ont suivi l'incendie, un échafaudage blindé mobile, ressemblant à la « tortue » des légionnaires romains, a permis d'accéder à la croisée du transept, à la statue de la Vierge du pilier, datant du XIVe siecle et l'un des symboles de Notre-Dame, et d'organiser son transfert dans l'une des chapelles. Des morceaux de charpente avaient brûlé à ses pieds, mais sans la détériorer. Sa couleur est demeurée intacte.

Aux abords de la cathédrale, le regard est irrésistiblement attiré par l'échafaudage dressé avant l'incendie pour la restauration de la flèche. Son démontage s'annonce comme l'un des grands défis des travaux de sauvetage. « L'opération est très urgente », reconnaît Jean-Michel Guilment. Il a désormais l'allure d'un immense mikado, noirci et inquiétant. La structure, « un peu en lévitation », dit-on sur le chantier, pourrait basculer dans le vide, une configuration très menaçante. Il y a quelques semaines, un gros coup de vent a déplacé la structure. Les capteurs qui la surveillent ont donné l'alarme. Une réunion de chantier se tenait, à ce moment-là, à l'intérieur de la cathédrale. Tout le monde a été évacué.

Les vestiges de l'incendie

Trois mois à peine après l'incendie, l'immense chantier de sécurisation de la cathédrale est déjà à l'étroit. Il a fallu annexer le square Jean-XXIII, propriété de la mairie de Paris, qui jouxte Notre-Dame, obligeant à déplacer la statue de Jean-Paul II qui trônait face à la Seine. Dans une partie du square, une dalle de béton a été coulée pour le stockage d'éléments d'échafaudage. Au gré des besoins, les échafaudeurs les montent et les démontent. « C'est impressionnant, vraiment impressionnant, la vitesse à laquelle ils opèrent ce travail », commente Marie-Hélène Didier, conservatrice des monuments historiques.

Le long du mur de pignon du transept sud, une structure vient d'être achevée. Elle atteint les quarante mètres, n'est accessible que par des escaliers. Avec Julien Debraux, tailleur de pierre, Philippe Villeneuve inspectera bientôt l'état des maçonneries. Une poignée de jours après l'incendie, les deux murs de pignon des bras sud et nord du transept ont été étayés, leur état étant particulièrement inquiétant. Leurs pierres ont été très exposées à la chaleur et au feu. « Il faut aller voir là-haut pour évaluer la situation », explique Julien Debraux.

À l'angle de la rue du Cloître-Notre-Dame et de la rue d'Arcole, touristes et badauds s'agglutinent pour prendre des photos. Une trouée dans la palissade leur permet de jeter un œil sur le chantier. Certains parviennent à discuter avec Hocine, l'un des agents de sécurité. « Ils posent des tas de questions sur l'incendie, les travaux. Certains nous proposent même de l'argent pour acheter des morceaux de pierre », raconte-t-il. Ce qui se passe derrière les palissades, élevées en urgence après l'incendie et courant sur deux kilomètres, fascine et intrigue. Les tentatives d'intrusion ne seraient pas rares, surtout les nuits ou pendant le week-end. Ce n'est pas nouveau. Avant l'incendie, la cathédrale attirait régulièrement les « grimpistes », comme on les appelle à Notre-Dame, les téméraires qui veulent escalader les tours. Ou des curieux, en mal de frissons, venant passer discrètement la nuit sur les terrasses.

À l'entrée de la cathédrale, deux petits chariots élévateurs se livrent à un étrange ballet. Sortant de l'intérieur de l'édifice, le premier dépose une palette de ce qui a été récolté dans le chœur. Le second vient les prendre et les emporte sous une grande tente blanche, dressée sur le parvis. Elle abrite déjà des milliers de vestiges de l'incendie, des bois brûlés, des claveaux (qui joignent les ogives des voûtes), des morceaux de pierres portant parfois des traces de polychromie, qui ne datent pas du Moyen Âge, mais du XIXe siècle. « La structure de la cathédrale est médiévale, mais l'essentiel de la décoration a été refait par Viollet-le-Duc », rappelle Jean-Michel Guilment.

Tout cela occupe beaucoup de place. Et la grande tente, elle aussi, est déjà saturée. Pour les chercheurs, ces vestiges constituent un immense gisement de connaissances à exploiter, ouvrant une chasse au trésor. Des propositions de programmes d'études sont déjà parvenues du monde entier. Impavide, un couple de pigeons a établi son nid au milieu de ces vestiges, soigneusement étiquetés et rangés. Depuis peu, la famille s'est agrandie de deux pigeonneaux.

Cet été 2019, Philippe Villeneuve ne prend pas de vacances. Il passe à peine saluer sa famille, qui se repose chez lui, à une cinquantaine de kilomètres de La Rochelle. Tenir le délai de cinq ans fixé par le président Emmanuel Macron pour la restauration de Notre-Dame ? Il y croit. Comme les équipes sur le chantier. « Si les voûtes ne tombent pas », s'empresse-t-il de préciser. « Je ne pourrai jamais, bien sûr, restituer une charpente de huit cents ans. Mais qu'avons-nous réellement perdu ? La charpente, la toiture, une flèche et 15 % des voûtes. Au risque de paraître désinvolte, c'est cela que nous allons avoir à reconstruire », soutient-il. Pour le moment, l'affaire n'en est pas encore là.

À la fin des travaux de sauvetage débutera la phase de diagnostic. Comment les pierres ont-elles résisté au feu ? C'est l'une des questions majeures qui se posent. Il s'agit là essentiellement de déterminer à quel degré elles ont été rubéfiées (brûlées) pendant l'incendie. Sur deux centimètres, cela ne poserait pas de problème. Mais si cela atteignait les dix centimètres, il faudrait prendre des mesures radicales et les remplacer. « J'ai déjà lancé des programmes d'études, explique l'architecte. Et une fois que nous aurons fixé la méthode, cela pourra aller vite. »

Où est l'archevêque ?

Au mieux, la restauration de Notre-Dame ne devrait pas débuter avant 2021. « Mon boulot, c'est de proposer les différentes possibilités. Restaurer à l'identique est l'une des pistes », explique Villeneuve. L'architecte a un autre objectif : rouvrir l'édifice au culte catholique. « Pour cela, il n'est pas nécessaire que les travaux soient achevés. » Pendant la grande restauration de Viollet-le-Duc au XIXe siècle, les offices religieux avaient repris au cours du chantier. Un engagement qui devrait rassurer le clergé. Dans les milieux catholiques flotte comme une peur d'être dépossédé de la cathédrale. L'incendie, c'est vrai, a révélé combien l'édifice était intimement lié à l'histoire de France. Notre-Dame, c'est, d'une certaine manière, la cathédrale de la Nation.

Pour marquer son territoire et rappeler que l'édifice est un lieu de culte catholique, l'archevêque de Paris, Mgr Michel Aupetit, casque sur la tête, a célébré, le 15 juin à Notre-Dame, une messe en très petit comité. Le recteur Patrick Chauvet est plutôt en bons termes avec le général Jean-Louis Georgelin. Il a obtenu, d'après son témoignage, son autorisation, même si le militaire a un peu ronchonné et l'a renvoyé vers l'architecte pour déterminer le lieu où cela pourrait avoir lieu. La messe, diffusée sur la chaîne de télévision catholique KTO, est célébrée dans l'un des endroits les moins endommagés et les plus sûrs, la chapelle axiale, à l'extrémité orientale.

Plutôt absent du chantier et se désintéressant globalement de l'affaire de la restauration, l'archevêque de Paris se montre pourtant offensif dans son homélie, laissant poindre son inquiétude. « Cette cathédrale est un lieu de culte, c'est sa finalité propre et unique. Il n'y a pas de touristes à Notre-Dame », plaide-t-il. Ce qu'il affirme est en contradiction flagrante avec les chiffres. Sur l'île de la Cité, en plein cœur de Paris, en accès gratuit (ce qui est de plus en plus rare), le monument, emblématique de la capitale, comme l'est la tour Eiffel, est le plus visité de France, voire d'Europe, d'après ce qu'en dit son chargé de communication, André Finot. Bon an, mal an, la cathédrale, avec sa douzaine de millions de touristes annuels, est l'une des premières victimes de ce qu'on appelle désormais le surtourisme.

À l'été 2019, Villeneuve a, lui, un rêve secret. Une photo a fait le tour du monde. Le lendemain de l'incendie, en jeans et blouson de cuir, l'architecte, écrasé par le manque de sommeil, serre tendrement dans ses bras, tel un enfant, le coq qui trônait au sommet de la flèche de Viollet-le-Duc. « Quand je l'aurai replacé, dit-il, sur la nouvelle flèche, mon travail sera terminé. » L'architecte voudrait bien aussi se racheter. « L'incendie n'aurait jamais dû se produire », avoue-t-il. Soudain, il est au bord des larmes : « Toute ma vie, je porterai le poids de cette souffrance ! »

Le plomb, l'ennemi du chantier

En plein été, tandis que les travaux de consolidation de la cathédrale avancent, la nouvelle tombe comme un couperet. Par un arrêté pris le 25 juillet 2019, le préfet de la région Île-de-France, Michel Cadot, suspend le chantier à cause de la pollution aux poussières de plomb. Il ne reprendra qu'après la mi-août. Lors de l'incendie, les 400 tonnes de la couverture en plomb de la cathédrale et de sa flèche ont fondu, dispersant largement des poussières de ce métal toxique. Ce soir-là montaient dans le ciel de Paris des volutes de fumée jaune qui intriguaient. Mais personne ne s'est alarmé tandis les flammes ravageaient la toiture et la charpente. Aucune précaution n'est prise alors que les poussières de plomb se dispersent dans l'atmosphère et contaminent gravement l'intérieur du monument et le parvis.
Comme l'explique Laurent Roturier, le directeur de la Direction des affaires culturelles d'Île-de France, au journaliste Laurent Valdiguié[1] : la chance est que l'incendie n'ait atteint que 800 degrés. À 2 000 degrés, les dommages auraient été considérables. « Là, cela aurait provoqué la naissance d'un nuage de gaz de plomb, que les gens auraient pu inhaler », soutient le haut fonctionnaire. Dans les jours qui suivent, la priorité absolue est le sauvetage de la cathédrale. Nul ne s'alarme encore une fois de la pollution au plomb

1. Laurent Valdiguié, *Notre-Dame, le brasier des vanités*, Impacts Éditions, 2022.

sur le chantier. Ou chez les riverains de l'île de la Cité. Sauf une inspectrice du travail, Françoise Rambaud, qui va mener, comme l'a raconté Médiapart, la bataille pendant plusieurs semaines. Elle est l'empêcheuse de tourner en rond. Ce qui lui vaudra la forte inimitié du général Jean-Louis Georgelin, qui en parlait en des termes peu amènes. Une dizaine de jours après l'incendie, l'inspectrice du travail déboule sur le chantier, mécontente de constater qu'aucune mesure spécifique n'a été prise.

Les semaines qui suivent, elle interpelle les autorités du ministère de la Culture. Les administrations rechignent à prendre la pleine mesure du danger et à jouer la transparence à l'égard du public. Le 15 mai, Françoise Rambaud relève que « tous les salariés sur le chantier sont exposés à un risque d'intoxication au plomb. Il résulte de nos constats que les salariés sont toujours dans l'impossibilité de se décontaminer ». Elle adresse une mise en demeure à la DRAC. Tant dans la cathédrale que sur le parvis, le résultat des prélèvements est catastrophique, affolant, plus de 700 000 fois au-dessus du taux réglementaire, fixé à 1 000 microgrammes par mètre cube.

Une campagne dans la presse va accélérer la prise de décision officielle. Après la suspension du chantier pendant trois semaines, des normes strictes et un protocole implacable sont mis en place pour les compagnons et les ouvriers : pédiluves à l'entrée et à la sortie, combinaison spéciale, douche de décontamination obligatoire. Dans les mois qui suivent, l'un des grands défis est la décontamination du parvis, encrassé de poussière de plomb.

La bataille de Notre-Dame

(Avril-novembre 2019)

En une poignée d'heures, l'incendie de Notre-Dame est devenu une affaire politique, presque une affaire d'État. Ce n'est pas seulement la France qui a pleuré sur le sort de la cathédrale, mais le monde entier. Arrivé immédiatement sur le parvis, le président de la République, Emmanuel Macron, tout à sa vision très jupitérienne de l'exercice du pouvoir, s'empare de ce qui va devenir l'un des dossiers emblématiques de ses deux quinquennats. Après les ravages du feu, il faut, bien sûr, restaurer. Qui va piloter l'opération ? L'enjeu est à la fois culturel et politique. Le chef de l'État impose rapidement ses opinions, sans consulter le ministère de la Culture et sans vraiment d'égard vis-à-vis des services de l'État, voire même contre eux.

La Direction régionale des affaires culturelles d'Île-de-France, effrayée par la tâche, a tout de suite fait savoir qu'elle n'avait pas les moyens humains de superviser un tel chantier. En revanche, Philippe Bélaval, le président du Centre des monuments nationaux (CMN), se verrait bien, lui, en grand amiral de la restauration, même si ses relations avec l'architecte Philippe Villeneuve sont exécrables. Le CMN a dans son portefeuille la gestion des deux tours de Notre-Dame, comme celles (entre autres) de monuments prestigieux tels que le Mont-Saint-Michel, la grotte de Font-de-Gaume ou le château d'Azay-le-Rideau.

Ainsi que le raconte le journaliste Didier Rykner[1], au moment du drame, ce haut fonctionnaire de la Culture, distingué et madré, est en train de prononcer un discours au palais du Tau à Reims, en compagnie de Stéphane Bern, le héraut du patrimoine français. « J'ai reçu une alerte et je lui ai fait signe pour qu'il interrompe son discours, a confié Bern à Rykner. Nous avons suivi cela, effarés, sur nos téléphones. J'ai répondu à plein de journalistes et nous sommes rentrés le plus rapidement possible dans la voiture de Philippe. Il était très angoissé, en contact permanent avec ses équipes. » Arrivé à Paris, Bélaval réunit ses troupes. Il lui faut vite un plan à proposer aux autorités. Tandis que depuis le parvis le président de la République annonce le lancement d'une souscription nationale, le président du CMN est chargé par son ministre de tutelle de réfléchir à la manière d'y participer. La sourde bataille entre l'Élysée et la rue de Valois a déjà commencé. Elle va se prolonger plusieurs mois.

Dans les jours qui suivent, Philippe Bélaval, devenu depuis conseiller du président de la République, est

1. Didier Rykner, *Notre-Dame, une affaire d'État*, Paris, Les Belles Lettres, 2023.

la première victime collatérale de l'incendie. Macron veut aller vite. Et convoque, d'après un témoin, une vingtaine de personnes, celles le plus directement concernées par la restauration. Quelques ministres, l'archevêque de Paris, le recteur de la cathédrale, l'architecte… À cette assemblée éberluée, le chef de l'État annonce la nomination du général Jean-Louis Georgelin comme son représentant spécial sur le chantier. Pour tous, c'est la douche froide. « Ça a été un choc, oui, raconte Patrick Chauvet, le recteur-archiprêtre. Surtout pour le ministère de la Culture, qui pensait que la cathédrale lui appartenait. Le général a pris la parole, se présentant comme un homme de terrain et annonçant qu'il serait dès le lendemain à Notre-Dame. »

Autoritarisme et brutalité

Personne ne sait vraiment (ou ne consent à dire) qui a « poussé » la nomination inattendue de Georgelin[1]. Selon Philippe Jost, d'abord son bras droit, puis son successeur à la tête de l'établissement public chargé de la restauration, le militaire n'a nullement intrigué pour obtenir ce nouveau galon. Avant cette nomination surprise, Macron ne l'a jamais non plus officiellement fréquenté. Le général, lui, a accompli une belle et

1. Le militaire est décédé accidentellement le 18 août 2023 lors d'une randonnée, en solitaire, en montagne.

parfaite carrière de militaire, atteignant les plus hautes fonctions : chef d'état-major particulier de Jacques Chirac à l'Élysée de 2002 à 2006, puis chef d'état-major des armées de 2006 à 2010. Il se dit dans Paris que Bernadette Chirac, le trouvant très convenable et plutôt bel homme, avait un temps imaginé marier sa fille Claude à ce célibataire endurci. Une fois à la retraite, Georgelin s'est mué en grand chancelier de l'ordre de la Légion d'honneur. Ici ou là, son autoritarisme et sa brutalité avaient déjà choqué.

Peu importe. Aux yeux de l'Élysée, le général coche deux cases importantes. Il n'appartient pas aux milieux de l'entre-soi culturel. Et c'est un catholique pratiquant, de quoi rassurer les milieux d'Église. D'après ses propres confidences, le militaire en a, pour lui, une troisième : c'était aussi un amoureux du patrimoine, une passion lui venant de son père. « Avant l'incendie, Georgelin assistait à des concerts à Notre-Dame, à des conférences. Mais, non, il ne fréquentait pas les messes. Au début, j'ai été moi-même un peu agacé par le personnage. Lui, de son côté, m'a sans doute trouvé envahissant », raconte Patrick Chauvet. C'est vrai que, au moment de l'incendie, le recteur est devenu, en quelques heures, une vedette internationale. Sur le chantier, le général cinq étoiles, omniprésent médiatiquement et rejetant les autres dans l'ombre, va beaucoup agacer, crisper. Et longtemps. Lors de ses funérailles à Saint-Louis-des-Invalides, le 25 août 2023, l'un de ses anciens camarades de Saint-Cyr a dit de lui que c'était avant tout un comédien.

Son grand rôle, et aussi le dernier, il l'a joué, c'est vrai, sur les échafaudages de la cathédrale.

La nomination de Georgelin est officialisée lors du Conseil des ministres du 17 avril 2019. En bon stratège, le militaire sait évidemment où se trouve le lieu du pouvoir. Bref, les quatre années pendant lesquelles il incarne le rôle de général du chantier, il conserve son bureau à l'Élysée, délaissant les deux autres à sa disposition, l'un sur la base-vie à Notre-Dame et l'autre au siège de l'établissement public. Celui qu'il occupe au « Château » est situé dans ce que les habitués dénomment « l'aile Madame », c'est-à dire celle occupée par les bureaux attachés à Brigitte Macron. Par le hasard de la géopolitique et de la géographie présidentielles, s'y trouve aussi le bureau du conseiller mémoire, Bruno Roger-Petit, influent à ce moment-là.

Une ambiance plombée

Galonné et intronisé par le président, installé au cœur du pouvoir, Georgelin a de quoi impressionner. Et il en joue. Le militaire donne principalement ses rendez-vous à l'Élysée. Il demande à Philippe Jost, qu'il a connu dans une autre vie et qui lui a proposé ses services, de le rejoindre immédiatement. En réalité, c'est ce polytechnicien, ingénieur de l'armement, d'un abord poli et courtois, mais sans état d'âme, qui va gérer le chantier au quotidien. « Quand je l'ai vu la première fois aux côtés de Georgelin, je me suis dit que c'était lui, le vrai patron », relève l'un des intervenants pendant les travaux de restauration.

À l'Élysée, le général reçoit les uns et les autres et les humilie parfois avec morgue. À tel fonctionnaire du ministère de la Culture, il demande ironiquement le montant de son salaire. À tel autre, salarié de la cathédrale, il affirme, fanfaron, avoir déjà sur son bureau des propositions clés en main de géants du BTP, sous-entendant qu'il pourrait passer outre les usages du milieu des monuments historiques. Lors d'une réunion publique, il insiste lourdement pour que l'un des maîtres du chantier, formé sur le tas, fasse état de ses diplômes. Bref, si le personnage et son côté matamore font les délices des télévisions, le général plombe sérieusement l'ambiance sur l'île de la Cité, n'hésitant pas à couvrir de noms d'oiseaux telle journaliste qui lui a déplu ou telle inspectrice du travail qui lui retarde son calendrier.

La première tâche de Georgelin et de Jost est de déterminer le cadre dans lequel les travaux seront réalisés. Le choix se portera sur un établissement public, qui laissera le pouvoir et les mains libres au général. La loi du 29 juillet 2019 fixe les contours de la souscription nationale qui finance les travaux, ainsi que de l'établissement public qui va en assurer la maîtrise d'ouvrage, et donne au gouvernement la possibilité de prendre des ordonnances, s'affranchissant notamment du code du patrimoine. Le dernier point affole les défenseurs des monuments historiques, qui redoutent que l'on bâcle les travaux. En coulisses, l'Église catholique, elle, qui craint de plus en plus de perdre la main sur la cathédrale, fait rajouter une référence à la loi de 1905, manière de graver dans le marbre qu'elle en est l'affectataire.

Pour Franck Riester, le très effacé ministre de la Culture, c'est Waterloo. Il n'a pas été consulté en amont sur le choix de Georgelin. Et la création de l'établissement public ôte tout pouvoir à ses services. « Macron a une grande méfiance vis-à-vis de la Rue de Valois », explique un membre de son entourage. En bon libéral, le président de la République, s'affranchissant volontiers des règles, est très réservé en général sur les compétences et l'efficacité des structures de l'État. En nommant Georgelin et en l'installant à l'Élysée, Macron garde la main sur un chantier, pour lui, emblématique.

Horizon 2026

Comme il peut, Franck Riester tente de résister. En tout cas, d'envoyer au moins un signal, en particulier à ses services, dépités par la gifle élyséenne. « Il venait très régulièrement sur le chantier », explique l'un des membres de la « famille » de Notre-Dame. Le ministre se montre beaucoup, une façon de ne pas céder entièrement le terrain à Georgelin. Un épisode de cette guerre de tranchées se joue le 15 mai 2019, lors de la visite du jeune Premier ministre canadien, Justin Trudeau. Retenu au Conseil des ministres,

Riester est en retard. Les officiels, parmi lesquels le général, ont déjà pris place à l'entrée de la cathédrale. Trudeau arrive. Mais sa voiture s'arrête à l'angle du parvis, donnant le temps au ministre retardataire de prendre sa place et de l'accueillir officiellement. Ce jour-là, c'est Riester, flanqué de l'architecte Philippe Villeneuve, qui mène la visite. Georgelin n'apparaît pas sur les photos. Pour l'occasion, Chauvet a passé sa soutane ; le reste de la troupe est en costume-cravate. Ce n'est pas encore le temps de l'implacable protocole contre la pollution au plomb. Trudeau, lui, promet le bois et l'acier dont la France pourrait avoir besoin pour rebâtir.

Ces batailles, Philippe Villeneuve assure ne pas les voir. « Je n'avais pas de temps pour cela », plaide-t-il. Sans doute. Mais, au printemps 2019, sa position est, comme celle de la cathédrale, instable. Il fait l'objet d'une campagne lancée par l'historien d'art Alexandre Gady et relayée par le journaliste Didier Rykner (qui plus tard s'en repentira). Tous les deux réclament son départ, lui imputant la responsabilité de l'incendie. La perspective de ce chantier monumental et emblématique aiguise aussi bien des appétits. D'autres architectes en chef des monuments historiques (ACMH) se verraient volontiers à la place de Villeneuve. Les travaux à mener sont titanesques et la pression du délai ajoute encore à la difficulté. Pour contrer les manœuvres et faire face à l'ampleur de la tâche, l'architecte s'adjoint deux autres ACMH, Pascal Prunet et Rémi Fromond, l'un des meilleurs connaisseurs de la charpente médiévale de Notre-Dame. Ce choix, un joli coup politique, calme une partie de ses détracteurs et de ses concurrents.

Avec son côté prima donna, son franc-parler et ses blagues parfois trash, Villeneuve, c'est clair, ne laisse guère indifférent. Il suscite l'engouement ou agace définitivement. L'architecte et ses penchants rabelaisiens déjouent les codes des milieux feutrés et parfois condescendants de la culture. Sa nomination à Notre-Dame en 2013 a surpris. À ce moment-là, Villeneuve n'avait en charge aucun monument à Paris. C'est pourtant la clé pour obtenir le poste d'ACMH à la cathédrale. L'architecte a joyeusement sauté cette étape.

Une maquette à l'adolescence

De Notre-Dame, il en rêvait ardemment. Elle est son phare, sa passion ultime. Il est l'un de ceux qui en parlent à la fois de la manière la plus sensible et la plus savante. L'écouter, dans ces circonstances, est un ravissement. Sur son bras gauche et son épaule, l'architecte a fait tatouer la flèche de Viollet-le-Duc. Adolescent ayant grandi à Paris, il a découvert la cathédrale par la musique et les concerts d'orgue. Dans son (petit) appartement du Marais, la maquette de Notre-Dame qu'il a construite dès ses jeunes années envahit le séjour. « Philippe Villeneuve s'est imposé par ses compétences », soutient Laurent Prades, le régisseur de la cathédrale. En quelques jours, l'architecte a bluffé son monde, dressé son plan de bataille, évalué que les travaux pourraient être terminés en 2026. Il a fallu malgré tout comprimer drastiquement les délais.

Ce passionné de Viollet-le-Duc a plaidé immédiatement pour une reconstruction à l'identique, s'opposant, mezza voce, à la volonté politique d'un « geste contemporain » exprimée par le Premier ministre Édouard Philippe. Les projets les plus farfelus ont vu le jour, comme celui d'un jardin suspendu sur les toits ou d'une flèche en verre. Ces délires ont finalement servi la cause de Villeneuve et des fans de Viollet-le-Duc. Et remisé au placard les velléités de modernisme les plus échevelées.

Sur le chantier, la confrontation entre Villeneuve et Georgelin n'a pas été un long fleuve tranquille, c'est le moins qu'on puisse dire. C'était même une sorte de concentré de la rivalité entre la Rue de Valois et l'Élysée. Pendant quatre ans, les relations entre l'architecte et le général ont connu de grandes fluctuations, de la franche détestation à une forme de complicité plutôt étonnante. En réalité, la position de Villeneuve a été définitivement confortée par la plus immense gaffe de Georgelin dans ses fonctions. Le 14 novembre 2019, à l'Assemblée nationale, devant la commission des affaires culturelles, le général, l'esprit sans doute embué ce jour-là, explique qu'il a demandé à l'architecte « qu'il ferme sa gueule ». La bourde est amplement relayée par la presse et apporte de nombreux soutiens publics à l'architecte, devenu d'un seul coup intouchable.

Des millions d'euros pour Esmeralda

Le chantier de Notre-Dame, on l'a dit et redit, est hors norme. Car l'incendie a eu un retentissement mondial. Il est facile de le mesurer en feuilletant le rapport de la Cour des comptes publié en septembre 2020. Celui-ci dresse un premier bilan de ce qui a été mis en place et entrepris pour sauver le monument, en particulier les dons reçus. Après l'annonce d'une souscription nationale, une immense générosité se manifeste, en France et dans le monde. À la fin 2019, les sommes promises atteignent un montant colossal, s'élevant à près de 825 millions d'euros, 824,75 M€ pour être exact. C'est une collecte sans précédent et qui ne manque pas d'interroger. Pour le comprendre, il suffit de quelques comparaisons, comme les conseillers de la Cour des comptes l'ont fait. Le tsunami qui avait ravagé le 26 décembre 2004 les côtes de l'Indonésie et de l'océan Indien avait entraîné une gigantesque solidarité sans frontières. Les dons engrangés avaient atteint une somme déjà impressionnante, l'équivalent de 328 millions d'euros. Mais on est très loin du quasi-milliard de dons pour Notre-Dame. Une autre catastrophe naturelle, le séisme qui avait frappé Haïti le 12 janvier 2010, avait, lui aussi, suscité un élan de générosité mondial qui avait permis la collecte de quelque 123 millions. Mais, là encore, c'était sans commune mesure.

La mobilisation de telles sommes pour un monument ne serait-elle pas un peu indécente ? Tout à son émotion, l'opinion publique n'a guère soulevé ce débat. Elle aurait pu… Quelques poussées d'indignation sont venues de l'extrême gauche et du côté de la CGT. Mais c'est à peu près tout. Les pierres vaudraient-elles davantage que les êtres humains ? Reste en tout cas que cet élan sans précédent démontre l'intérêt que suscite le monument. La catastrophe du 15 avril aura révélé la popularité, incroyable et méconnue, de la cathédrale. De l'avis de ceux qui vivent avec elle, c'est depuis le milieu des années 1990 que la foule des touristes a envahi ses travées.

Les grandes fortunes françaises se sont rapidement montrées très généreuses. Elles se sont même livrées à une étonnante compétition. Bernard Arnault a promis 200 millions. Comme les Bettencourt Meyers – au titre de L'Oréal et de leur fondation. François Pinault, lui, a allongé 100 millions. JCDecaux a mis sur la table 20 millions et les frères Bouygues deux fois moins. Mais c'est déjà pas mal ! Une dizaine de gros donateurs assurent, à eux seuls, les deux tiers de cette gigantesque obole.

En soi, c'est stupéfiant. Jamais autant d'argent n'a été donné pour un monument. Cette somme astronomique a donné au chantier des moyens incomparables, jamais mis en œuvre. Et a permis de tenir le fameux délai de cinq ans. Sans cette manne financière, le défi lancé par Emmanuel Macron n'aurait certainement pas pu être relevé. Le montant des travaux de sécurisation (la première phase) et de restauration s'est élevé à environ 700 millions d'euros. Fallait-il dépenser autant d'argent ? Aurait-on pu faire moins cher ? Les questions se poseront, à un moment ou un autre.

La malédiction de l'échafaudage

« Ramène ta gueule, la cathédrale brûle ! Quand Philippe [Villeneuve, NdA] m'a dit ça, j'ai cru d'abord que c'était une plaisanterie », se souvient Didier Cuiset. Ce soir-là, il est à son bureau à Jarny (Meurthe-et-Moselle), au siège de Le Bras frères, une entreprise de charpente et de couverture connue dans le petit monde des chantiers des monuments historiques. Depuis 1981, Cuiset y dirige la filiale Europe Échafaudage. « Cuicui », son surnom, qui a démarré dans le métier en montant des échafaudages au musée du Louvre, est reconnu pour être capable de monter des structures techniquement très difficiles. À l'approche de la soixantaine, ce héros de Notre-Dame a encore l'allure d'un rockeur, comme la décrit le quotidien local, *Le Républicain lorrain*.

Le soir du 15 avril 2019, après le coup de fil dramatique de l'architecte, Cuiset est passé chez lui en vitesse prendre son sac, que sa femme, Valérie, avait déjà préparé. Tandis qu'il roule vers Paris, le téléphone n'arrête pas de sonner. « Tous mes gars [ses équipes qui travaillent avec lui sur les chantiers, NdA] appelaient pour savoir s'il fallait qu'ils viennent en renfort à Paris », dit-il. Lui, il demandait qu'on lui laisse le temps d'arriver sur place. À trois cents kilomètres de là, les flammes engloutissaient à grande vitesse les charpentes, la toiture et la flèche de Notre-Dame. Cuiset ne pouvait qu'imaginer les dégâts. « Dans ma voiture, je n'avais pas les images. J'écoutais juste la radio, se souvient le patron d'Europe Échafaudage. Ils parlaient de la flèche. Je me disais en moi-même : pourvu qu'elle ne tombe pas, pourvu qu'elle ne tombe pas. Si elle tombe, ça va être un massacre. Elle va entraîner l'échafaudage avec elle. Et la cathédrale, c'est mort ! »

Des idées noires l'assaillent ; une foule de questions le taraudent. L'immense échafaudage que ses équipes sont en train d'édifier tiendra-t-il le coup ? Risque-t-il d'éclater en mille morceaux sous l'effet de la chaleur ? De s'effondrer comme la flèche ? Dans l'une ou l'autre de ces hypothèses, les dégâts, c'est vrai, auraient été considérables. Jusqu'à l'automne 2020, c'est-à-dire jusqu'à la fin de son démontage, l'angoisse n'a plus quitté Didier Cuiset. Est-ce cela qui lui a valu un AVC dont il s'est depuis remis ? En tout cas, dans le ciel de Paris, l'impressionnant mikado tordu et noirci a longtemps symbolisé le drame du 15 avril 2019 et résumé, à lui seul, la cathédrale souffrante. Un étrange paradoxe, en somme. Car s'il a mis en danger le prestigieux monument, l'échafaudage de Didier Cuiset l'a aussi sauvé.

Friends of Notre-Dame

Cette histoire singulière démarre, en fait, six ans plus tôt, en 2013. André Finot rencontre, quelques semaines après sa nomination pour s'occuper de la communication de la cathédrale, l'historien d'art belgo-américain Andrew Tallon, un passionné de Notre-Dame de Paris, « obsédé », même, selon ses mots. « Il était à l'intérieur de la cathédrale, en train de la scanner. Il m'a tout de suite assuré qu'il avait les autorisations », raconte Finot. Tallon, décédé prématurément en 2018, s'inquiète de l'état dans lequel se trouve le monument. Dès le soir même, il emmène Finot sur les terrasses pour lui prouver ses dires et le convaincre de l'état dans lequel se trouve la cathédrale. « Les étrangers sont amoureux de Notre-Dame, me racontait Andrew Tallon. Qui plaidait pour que soit créée une fondation aux États-Unis qui contribuerait à financer les travaux qu'il estimait indispensables », se souvient le chargé de communication.

Comment en était-on arrivé là ? Le monument n'était-il pas une manne financière pour l'État – l'accès aux tours était, en effet, payant –, ainsi que pour le diocèse, qui empochait les recettes de l'accès au Trésor, de la vente des bougies (un business florissant) et de la boutique ? Pourtant, les fonds consacrés à l'entretien du bâti étaient structurellement maigrelets. L'état de la cathédrale était préoccupant, notamment celui des arcs-boutants du chevet et de la sacristie, qui nécessitaient une véritable restauration. Avant l'incendie, le budget alloué par l'État, propriétaire du bâtiment, n'excédait pas les deux millions annuels. « Et encore, les jours fastes », ironise l'architecte Philippe Villeneuve. À sa prise de fonction en 2013, il a lui-même écrit un rapport qu'il a transmis « discrétement », dit-il, au président de la République, François Hollande. « La cathédrale était dans un état déplorable », insiste-t-il.

L'idée d'une fondation américaine ? Elle est fraîchement accueillie, tant parmi le clergé de la cathédrale qu'auprès des instances culturelles. Le recteur-archiprêtre, Mgr Patrick Jacquin, fait valoir qu'il a eu peu de succès quand il a tenté de collecter des fonds pour fêter dignement, en 2013, les 850 ans de la fondation de l'édifice. André et Andrew ne se découragent pas. Grâce à l'entremise de Finot, l'historien d'art fait parvenir une lettre à l'archevêque de Paris, déposée sur son bureau. Après l'avoir lue, le prélat prend fait et cause pour le projet. Comme tout archevêque de Paris, André Vingt-Trois a ses entrées à l'Élysée, où il rencontre régulièrement François Hollande, plutôt réceptif lui aussi. Pour aider à lancer le projet, l'archevêque débloque une première somme de 250 000 euros.

En mai 2017, juste avant la fin du quinquennat de Hollande, un accord-cadre est signé entre l'État et une fondation, dans le giron du diocèse de Paris. Il acte un programme de restauration de la cathédrale réparti sur dix ans pour un montant de 60 millions d'euros. La particularité de cet accord réside dans le fait que l'État accepte d'abonder d'un euro pour chaque euro collecté par le mécénat, étant entendu que sa contribution ne peut excéder quatre millions d'euros par an.

Au même moment, une fondation américaine, Friends of Notre-Dame, qui va servir à collecter les fonds aux États-Unis, a obtenu l'agrément de l'administration grâce au travail de Michel Picaud, un polytechnicien retraité qui a accompli une grande partie de sa carrière à l'international. Deux articles de presse, l'un dans *Le Figaro* puis un autre dans le *New York Times*, alertent sur l'état de la cathédrale et donnent de la visibilité à l'opération de mécénat. Dans la foulée, Finot et Picaud sont invités à New York par la célèbre maison d'enchères Christie's pour présenter, lors d'une soirée, leur projet devant des donateurs potentiels.

Le bilan est mitigé. « Nous avions collecté à peine de quoi financer notre déplacement », raconte Michel Picaud. L'architecte Philippe Villeneuve s'est mis, lui aussi, au travail. « Il avait préparé des fiches pour soutenir l'opération de mécénat », explique André Finot. Et chiffré les travaux à 150 millions d'euros. À la surprise de tous, une bonne nouvelle arrive enfin des États-Unis. Un donateur qui tenait à rester anonyme faisait cadeau d'un million de dollars à Friends of Notre-Dame. De quoi lancer la restauration. Selon le plan établi par Philippe Villeneuve, les premiers travaux se concentrent sur la flèche, dont la couverture en plomb est en mauvais état, et sur l'un des arcs-boutants du chevet, dont la structure est préoccupante. « J'avais monté un premier échafaudage pour le diagnostic de cet arc-boutant », explique Didier Cuiset.

L'artiste éphémère

Le maître échafaudeur le plus coté dans le petit monde des monuments historiques a la charge de concevoir l'imposant échafaudage pour la restauration de la flèche. La structure, qui devait culminer à plus de cent mètres, représente un rare défi technique. « Nous n'avions aucune assise au sol », explique l'échafaudeur. Philippe Villeneuve avait posé une contrainte majeure : que l'échafaudage ne repose pas sur la toiture ni sur la flèche, à cause du poids, qui aurait pu les mettre en danger. Pour beaucoup, cette exigence – une structure autostable, comme on dit techniquement – était presque insurmontable. « Vu le cahier des charges, seul Europe Échafaudage a répondu à l'appel d'offres », précise, de son côté, Jean-Michel Guilment.

« Cuicui comprend tout de suite ce que je lui demande », dit Villeneuve. Au fil de leurs collaborations, qui s'étendent sur deux décennies, les deux hommes sont devenus des complices, des amis. Et ont reçu ensemble, le 14 juillet 2014, la médaille des Arts et des Lettres, des mains d'Aurélie Filippetti, alors ministre de la Culture, pour leur rôle dans le sauvetage de l'hôtel de ville de La Rochelle, lors de l'incendie du 28 juin 2013. « Je crois que Cuiset est le seul échafaudeur en France à avoir jamais reçu les Arts et Lettres », s'amuse encore Villeneuve. C'est un hommage mérité pour celui que *Le Figaro* a surnommé l'artiste éphémère, dans un portrait qu'il lui a consacré, le 3 décembre 2020. Sur le chantier de la cathédrale, chacun s'accorde à dire que non seulement les échafaudages de Didier Cuiset sont des prouesses techniques, mais qu'ils sont aussi élégants et esthétiques. Ce qui s'est confirmé au fil des cinq années des travaux de restauration de Notre-Dame.

À l'automne 2018, l'édification du grand échafaudage de la flèche démarre. Les travaux connaissent des péripéties, à cause des exigences d'une inspectrice du travail inflexible. Comment Cuiset a-t-il résolu l'équation de l'assise de son échafaudage ? Lorsque la cathédrale a brûlé, la structure, montée à un tiers, pesait déjà plus de trois cents tonnes. « Les charges reposaient uniquement sur les murs de la cathédrale », explique Cuiset. Le maître échafaudeur avait installé des consoles aux quatre angles du transept, ce qui constituait les points d'appui de son gigantesque meccano. Cette prouesse technique, Cuiset l'avait déjà réalisée, en 2016, lors de la rénovation du dôme de l'église Saint-Augustin à Paris.

Une nuit à la « Crim' »

De l'incendie de Notre-Dame, le 15 avril 2019, Didier Cuiset, en fait, n'en a quasiment rien vu. À son arrivée à Paris vers 22 heures, son patron, Julien Le Bras, le prévient, par téléphone, que la brigade criminelle l'attend déjà. « Avoir affaire au 36 quai des Orfèvres, je ne faisais pas le fier ! » dit-il. Est-ce l'émotion, le stress ? Il ne parvient pas à entrer l'adresse dans son GPS. La « Crim' » n'a plus ses bureaux à son emplacement mythique, à deux pas de Notre-Dame, sur l'île de la Cité. Elle a déménagé, deux ans plus tôt, au 36 rue de Bastion, dans le 17e arrondissement, à proximité du nouveau tribunal de Paris, l'immense bâtiment en verre, construit à la porte de Clichy par Renzo Piano. L'audition du patron d'Europe Échafaudage se prolonge toute la nuit.

Au petit matin, Didier Cuiset retrouve Julien Le Bras et son père Sylvain, les dirigeants de Le Bras Frères. Les trois hommes boivent un café sur une terrasse près de Notre-Dame, puis se rendent sur le parvis. Ils y croisent Philippe Villeneuve, déjà à pied d'œuvre. « Je n'osais pas m'approcher de lui, se rappelle l'échafaudeur. J'avais une appréhension : qu'est-ce qu'il allait me dire ? » L'architecte allait-il le rendre responsable de ce qui venait d'arriver ? « Phillipe m'est tombé dans les bras en pleurant. Il était dans un tel état. Parce que Notre-Dame, c'est vrai, c'est "sa" cathédrale ! » s'émeut encore, en 2024, Didier Cuiset.

Accompagné d'un responsable des pompiers, un petit groupe entre immédiatement à l'intérieur de l'édifice. Cuiset n'a qu'une idée en tête, aller voir au plus vite l'état de son échafaudage. Effet peut-être d'un stress post-traumatique, Philippe Villeneuve, cinq ans plus tard, ne se souvient plus de sa présence à ses côtés. « Nous sommes montés dans la tribune et nous nous sommes dirigés vers la croisée du transept, raconte l'échafaudeur. Philippe s'arrêtait tout le temps. Il disait au pompier : là vous pouvez y aller, il n'y a pas de risque, là vous ne pouvez pas. Il analysait tout de suite la situation. C'était bluffant ! Il a un cerveau, la vache ! »

Pour l'échafaudeur, le temps s'étire comme une éternité. « Je voulais aller tout de suite au fond », dit-il. À la croisée du transept, la voûte qui s'est écroulée pendant la nuit a laissé une énorme béance, ouverte à tout vent. En levant les yeux, chacun apercevait l'impressionnant mikado noirci, comme figé dans le ciel. « Je voyais l'échafaudage à travers le trou dans la voûte. Bien sûr que j'avais dans la tête : pourvu que ça ne se casse pas la gueule ! Mais ma première réflexion, ça a été de me demander : comment, mais comment je vais enlever ça ! »

Pour terminer son inspection, le groupe grimpe sur la terrasse de la tour sud de la cathédrale, située du côté de la Seine. « Là, je voyais mieux l'état de l'échafaudage », précise Cuiset. L'échafaudeur est inquiet, très inquiet. De là-haut, Cuiset et Villeneuve aperçoivent le coq de la flèche, échoué au sol, dans les décombres. « Philippe a disparu et j'ai compris ensuite qu'il était allé le chercher », raconte Cuiset.

Des capteurs et des alertes

L'échafaudeur, lui, a pris des risques, de grands risques dans les heures, les jours et les semaines qui ont suivi l'incendie. Il fallait qu'il stabilise à tout prix les 316 tonnes de l'échafaudage en équilibre précaire sur le monument. « Je marchais à l'adrénaline », dit-il sobrement. La grande famille de Notre-Dame, à ce qu'elle en dit, ne sait pas grand-chose de ce que le patron d'Europe Échafaudage a fait concrètement. Mais elle sait bien que l'échafaudeur s'est mis en danger pour protéger le monument.

Le 16 avril au matin, l'urgence absolue est de fretter le pignon nord, qui menace de s'écrouler sur des immeubles de la rue du Cloître-Notre-Dame. Les équipes de Le Bras sont mobilisées. Elles montent un échafaudage, installent un plancher pour atteindre le pignon, le moyen aussi pour Cuiset d'approcher plus près encore la structure d'acier qu'il faut consolider. « Les consoles étaient en train de se rabattre vers l'intérieur, décrit l'échafaudeur. Les poteaux qui étaient dessus se pliaient. Il a fallu monter avec des gars pour doubler et tripler les poteaux avec des tubes et des colliers. Nous avons renforcé les pieds de l'échafaudage. Il y en avait un qui ne posait plus que sur un bout de bois, car la sablière [une poutre sur laquelle repose la charpente, NdA] avait brûlé. » Toutes les heures, il y a des briefings avec les pompiers.

Au fil des jours, l'échafaudeur et ses équipes stabilisent le dangereux meccano, en installant notamment des vérins hydrauliques pour le soutenir. « Malgré les chocs qu'il a subis avec la chute de la flèche et l'incendie, l'échafaudage a tenu, c'est cela qui est remarquable », souligne, cinq ans plus tard, Philippe Villeneuve. Sa conception initiale a sauvé la cathédrale. S'il avait posé sur la toiture et sur la flèche, il se serait écroulé lors de l'incendie. Pendant un an et demi, des capteurs ont surveillé ses mouvements et les alertes ont rythmé le chantier.

« Un échafaudage, c'est toujours flexible, explique Didier Cuiset. S'il ne peut pas bouger, il casse. Après l'incendie, nous avons pris des photos par drone, tout avait été scanné. En superposant ces documents, nous nous sommes aperçus que l'échafaudage, s'il bougeait, revenait à sa position. Nous avons vu que c'étaient les effets du climat qui le faisaient bouger le plus. » Avec l'aide des pompiers, Cuiset repère aussi les zones de l'échafaudage qui ont le plus chauffé. Et qui sont donc les plus fragilisées.

« Pendant tout ce temps-là, je continuais à me demander comment j'allais le démonter », raconte l'échafaudeur. Peu à peu, Cuiset élabore son protocole, le présente à l'établissement public, qui le valide. Friand des objectifs et des caméras, le général Georgelin convoque la presse pour qu'elle assiste au début de la réunion. Pour l'échafaudeur, une des principales difficultés est de maintenir l'équilibre de sa structure lors du démontage. Confortée par des ingénieurs de chez Le Bras, l'idée de Cuiset est de ceinturer le mikado noirci par trois rangées de poutrelles.

« Ce qui me préoccupait principalement dans ce qu'il y avait à démonter, c'était ce que j'appelais la verrue », raconte le patron d'Europe Échafaudage. Au cœur de la structure, il y avait un amas de tubes déformés et noircis, soudés les uns aux autres et qu'il fallait scier. La « verrue » était très difficile d'accès. Pour ce travail, les cordistes ont été mobilisés. « Ce n'était pas accessible avec les nacelles », explique Cuiset. Une poutrelle est installée au-dessus de l'échafaudage pour leur permettre de s'accrocher et de descendre au cœur de la structure afin de scier les éléments, déposés ensuite dans des bennes et grutés jusqu'au sol.

Le démontage a lieu de juin à novembre 2020. Et laisse un goût un peu amer à Didier Cuiset. L'opération a donné beaucoup de visibilité aux cordistes. « En fait, ils n'ont découpé que dix tonnes des 316 tonnes qu'il y avait », explique-t-il. Le reste, le principal en fait, ce sont « ses gars », comme il dit, qui l'ont réalisé, juchés dans des nacelles. « À cause de l'enquête, ils ne pouvaient pas s'exprimer devant les journalistes », poursuit le maître échafaudeur. Le 24 novembre 2020, il a laissé les architectes enlever symboliquement la dernière console. Cuiset, lui, a enfin retrouvé le sommeil.

Un glas pour Jacques Chirac

Le chantier, selon Marie-Hélène Didier, qui veille (entre autres) comme conservatrice des monuments historiques sur le mobilier de la cathédrale (les tableaux, les vitraux, les statues...), a créé « un esprit de Notre-Dame », bâti sur l'estime réciproque, une forme d'amitié. Didier Cuiset l'a ressenti lui aussi. Dans sa maison proche des bords de la Moselle, le maître échafaudeur de Notre-Dame fait défiler ses souvenirs sur son téléphone. Depuis l'incendie de 2019, il a emmagasiné des centaines d'images et de vidéos, peut-être des milliers.
Avec un large sourire, le patron d'Europe Échafaudage s'arrête sur l'une d'elles. Une histoire parmi d'autres qui font la grande histoire de ce chantier. Le 30 décembre 2019, un commando d'une petite dizaine d'hommes monte dans le beffroi de la tour sud de la cathédrale. Sur la photo un peu sombre, on les aperçoit casqués, revêtus d'une combinaison blanche et jetable en vigueur sur le chantier, les mains enveloppées dans des gants et tirant sur une corde. Philippe Villeneuve a pris la direction des opérations, assisté de l'expert campanaire Hervé Gouriou. Avec eux, on reconnaît Jean-Michel Guilment, chef de projet à l'établissement public, et André Finot, chargé de la communication de la cathédrale. Didier Cuiset est là, bien sûr, membre de cette bande de copains très soudée par les heurs et malheurs du monument. La tour sud de la cathédrale abrite ses deux bourdons. Ce sont les cloches les plus lourdes et

à la sonorité la plus grave. Le bourdon Emmanuel, le plus ancien, a été fondu en 1680 et pèse 13 tonnes. C'est une cloche exceptionnelle, l'une des plus belles d'Europe, qui sonne en *fa* dièse. Son battant, d'un poids de 470 kilos, a été remplacé en 2017, fondu dans les ateliers Cornille-Havard à Villedieu-les-Poêles (Manche), l'une des dernières fonderies spécialisées dans les cloches. Le bourdon Emmanuel est actionné seulement lors des grands événements de l'Église catholique (la mort du pape, par exemple) et de l'histoire de France. « Traditionnellement, il sonne le glas lors de la mort des présidents de la République », précise Philippe Villeneuve.

Pour les funérailles de Jacques Chirac, cinq mois après l'incendie, le commando, monté dans la tour sud, se retrousse les manches. « Je voulais montrer que la cathédrale était encore vivante », explique l'architecte. Depuis l'incendie, les cloches de la cathédrale étaient muettes. Et pour cause : il n'y avait plus d'électricité pour les actionner. Pour mener son opération, le commando de la tour sud a obtenu le « go » du général Jean-Louis Georgelin. Le signal est lancé lorsque le cortège funèbre quitte la cour des Invalides pour gagner l'église Saint-Sulpice où est célébrée la messe de funérailles de Jacques Chirac. « C'était convenu que quelqu'un de l'Élysée me prévienne par téléphone », raconte André Finot. « Nous avons actionné le battant manuellement, en le tirant à la corde », explique Didier Cuiset. Ce qui, vu son poids, n'était pas une mince affaire. L'un après l'autre, les hommes se relaient, en prenant garde de ne pas être entraînés par le mouvement du battant. Faire sonner manuellement le bourdon Emmanuel n'était pas arrivé depuis belle lurette. Presque cent ans, car la cloche avait été électrifiée en 1930.

La flèche de Viollet-le-Duc, un « chef-d'œuvre d'archéologie »

Conçu par Didier Cuiset et monté par ses équipes, le grand échafaudage était destiné à restaurer la flèche néogothique, édifiée par Viollet-le-Duc en 1848. Sa construction, lancée après l'autorisation donnée par le ministère de l'Instruction publique et des Cultes, a duré à peine dix-huit mois. Pour les admirateurs de l'architecte, la flèche de Notre-Dame est l'une de ses grandes réalisations. « Grâce à la proportion qu'il a donnée à la flèche, Viollet-le-Duc a parachevé la cathédrale », estime Philippe Villeneuve.

Au moment où commence sa restauration au XIXe siècle, la cathédrale a perdu sa flèche originale, celle construite sept cents ans plus tôt. La construction médiévale, dont les cloches appelaient les chanoines à se rendre aux offices religieux, avait été démontée pendant la Révolution. « Ce n'est pas ce que l'on pourrait qualifier d'acte révolutionnaire, précise Villeneuve. Elle était en mauvais état et menaçait de s'effondrer. » Passionné par le Moyen Âge, véritable encyclopédie à lui seul de cette période, Viollet-le-Duc en dessine une autre, plus haute que la première. Celle du restaurateur atteignait les 96 mètres. « Il maîtrise totalement la grammaire du XIIIe siècle. Il n'y a pas de faute de style. Sa flèche est presque un chef-d'œuvre d'archéologie. En la regardant, on pouvait penser qu'elle était là depuis toujours. En fait, c'était faux ; elle n'avait que 160 ans », commente Villeneuve.

Pour mener les travaux, Viollet-le-Duc appelle auprès de lui un grand maître charpentier de l'époque, le gâcheur Georges, qui a œuvré avec lui à la Sainte-Chapelle à Paris. « Viollet-le-Duc n'était pas charpentier, raconte Villeneuve. Je dis souvent qu'il faut rester modeste, même si nous travaillons avec eux, nous ne maîtrisons pas le métier des autres. L'architecte n'a pas l'art de la charpente. Viollet-le-Duc avait besoin du gâcheur pour savoir si son dessin tenait ou ne tenait pas. Ériger cette flèche a été une collaboration, un dialogue permanent entre l'architecte et Georges. Ce n'est pas Viollet-le-Duc qui a fait cela tout seul ; c'est vraiment une œuvre de charpentier ! »

La contrainte de procéder à des appels d'offres empêcherait à notre époque, selon Villeneuve, de bâtir ce type de collaboration. La charpente de la flèche était en bon état. « Elle aurait pu encore durer cent ans », précise l'architecte. Les travaux de restauration prévus avant l'incendie de 2019 concernaient principalement la couverture en plomb.

Les deux mille chênes de Notre-Dame

(Dans la forêt de Bercé, 5 mars 2021)

Biches et sangliers ont fui. Et laissé la forêt de Bercé, dans le sud de la Sarthe, à une improbable troupe de personnalités du département, de deux ministres en fonction, celle de la Culture et celui de l'Agriculture, du staff de l'établissement public en charge de la reconstruction de Notre-Dame, de l'architecte en chef des monuments historiques et de ses adjoints. Prudente, Roselyne Bachelot a choisi de chausser des baskets et opté pour une tenue décontractée. Plus téméraire, le général Jean-Louis Georgelin, le patron de l'établissement public, a préféré garder ses chaussures de ville. Sécurité oblige, l'hélicoptère de la gendarmerie ronronne au-dessus du massif forestier, dont les accès ont été strictement bouclés. Deux gendarmes, un homme et une femme, patrouillent, eux, à VTT. Il y en a beaucoup d'autres encore, égaillés dans les bois. Un gradé garde son téléphone portable collé à l'oreille. En pleine nature, ce déploiement de forces de l'ordre paraît un peu surréaliste, presque cinématographique.

La venue de deux ministres en forêt de Bercé, ce 5 mars 2021, se veut le coup d'envoi de la reconstruction de Notre-Dame. Mais qui demeure, en l'état, très symbolique. Deux ans à peine après l'incendie, le chantier n'en est pas encore là. Un micro est installé au milieu des bois, sous des chênes bicentenaires, attendant les prises de parole officielles. « Je suis ému, heureux d'avoir quitté quelques heures Notre-Dame », confie, en retrait, Philippe Villeneuve.

Dans cette futaie, huit arbres d'exception ont été soigneusement sélectionnés, il y a quelques semaines, pour la construction de la future flèche de Notre-Dame de Paris, une reconstruction, plus exactement. Car la nouvelle sera la réplique exacte de celle qu'Eugène Viollet-le-Duc avait érigée au XIXe siècle. C'est l'une des victoires de Philippe Villeneuve, que l'ouvrage passionne.

Lyrique et… ennuyeux

Dans la forêt de Bercé, le printemps n'est pas encore là. La végétation dort encore, sans doute plus pour très longtemps. La coupe des arbres devient urgente avant la montée de sève qui s'annonce. Ayant la tutelle de l'Office national des forêts (ONF), le ministre de l'Agriculture est ici chez lui. Au moment des discours, Julien Denormandie est lyrique, parle de « moment d'histoire », rend hommage à tous les forestiers qui ont pris soin de ces arbres qui contribueront à la reconstruction de la cathédrale. Depuis l'incendie, Notre-Dame est estampillée, symboliquement, l'église de la Nation. Roselyne Bachelot a, elle aussi, choisi ses mots. Il est question de transmission, de générations qui traversent les siècles, de permanence et de renouvellement. C'est bien écrit. Mais un peu ennuyeux, comme souvent dans de telles circonstances.

Ce jour-là, Philippe Villeneuve, peu patient d'ordinaire, joue les bons élèves. « Je suis un peu triste que ces arbres soient abattus. Mais ils le seront pour la bonne cause », dit-il. En forêt de Bercé, au pied des chênes centenaires, il s'éloigne un peu, la tête baissée vers le sol. L'architecte cherche, avec soin, seize glands de chêne, un pour chacun de ses collaborateurs, qui travaillent dans son studio d'architecture. « Nous allons les planter et les arroser. Et puis nous verrons bien ce qui se passe », dit-il. L'homme est gouailleur, un brin cabotin, un peu comédien. Depuis le soir de l'incendie, il ne ménage pas sa peine, ni ses heures. « Le 15 avril, je crois que j'ai rencontré mon destin », nous disait-il en juillet 2019, la première fois que nous l'avons rencontré. Le chantier, pour lui, a commencé dès le petit matin qui a suivi l'incendie : « C'est un formidable défi. J'ai le devoir de donner le meilleur de moi-même. »

Villeneuve est aussi un homme de fidélité. À Notre-Dame, il continue de travailler avec les mêmes entreprises, celles qui étaient déjà présentes avant l'incendie du 15 avril 2019 et qui œuvraient à la restauration de la flèche. Ce qui fait encore grincer des dents. Était-il pertinent de poursuivre avec ceux-là mêmes qui pourraient porter une responsabilité dans l'incendie ? Il y a aussi des rivalités et des jalousies.

Entre l'architecte et le général Georgelin, les relations, on le sait, ont souvent été compliquées. Lors du déplacement en forêt de Bercé, l'architecte aplanit publiquement les difficultés. C'est un moment politique. Villeneuve l'a sûrement compris et choisit, ce jour-là, de faire profil bas. Il se barricade dans le silence quand Georgelin le tacle sans ménagement, lorsque vient son tour de prendre la parole devant le micro, planté au milieu de la forêt. « Pour une fois que l'architecte est modeste », lâche le général. Le militaire est connu pour un franc-parler qui frise parfois l'impolitesse. C'est rugueux, encore une fois. Chacun fait mine poliment de ne pas avoir entendu, la grâce sans doute de ce moment dans les bois !

Les lieux, c'est vrai, sont enchanteurs. Modeste par sa taille, la forêt de Bercé s'étend sur un peu de plus de 5 400 hectares. C'est pourtant un massif forestier remarquable, surtout à cause de son ancienneté. « Longtemps, les historiens ont cru que c'était l'ancienne forêt des Carnutes. Elle date effectivement de la même époque », explique Guylaine Archevêque, la directrice de l'Office national des forêts (ONF) pour la région Centre-Val de Loire.

Le massif forestier remonterait donc à l'Antiquité et ses chênes ont acquis une notoriété mondiale, recherchés essentiellement pour la tonnellerie. La forêt de Bercé est surtout réputée à cause de ses futaies cathédrales, composées de grands arbres qui s'élancent vers le ciel à la recherche de la lumière. La plus célèbre est la futaie des Clos, plantée de chênes à l'époque de Colbert. Le ministre de Louis XIV avait encouragé les plantations afin que les forêts du roi fournissent du bois d'exception pour sa marine. Mais, ce jour-là, la troupe officielle n'a pas le temps d'aller contempler les arbres tricentenaires de Colbert.

Les pas crissent sur le sol encore jonché de feuilles mortes. Il faut un peu s'enfoncer dans les bois pour arriver au pied d'un chêne majestueux et bicentenaire, le « Numéro un », selon le petit écriteau apposé par Roselyne Bachelot. L'arbre s'élance, lui aussi, très haut dans le ciel. Quelques instants auparavant, Julien Denormandie, le ministre de l'Agriculture, a fait une encoche dans le tronc et apposé un poinçon à l'aide d'un marteau forestier. Des marques qui, comme le veut le rituel des forestiers, désignent le chêne comme devant être abattu.

« Numéro un » appartient à une élite. Comme les sept autres, eux aussi bicentenaires. Cet ensemble de chênes d'exception, donnés par l'ONF au chantier de la cathédrale, constituera le tabouret, c'est-à-dire l'assise de la nouvelle flèche de Notre-Dame, qui culminera à 96 mètres de hauteur. Claire Quinones, ingénieur forestier, a participé à leur sélection. Ce jour-là, elle est émue : « Ces chênes vont être abattus, c'est vrai. Mais pour mener une nouvelle vie. » Leur avenir sera traçable. « Nous saurons à quel endroit de Notre-Dame ils auront été utilisés », se console-t-elle.

L'affaire est assez technique. « Pour que la flèche résiste aux mouvements, notamment à cause du vent, il lui faut un socle très solide », explique François Auger, ingénieur du patrimoine. Cet ancien compagnon charpentier, intégré à l'équipe de l'architecte, a soigneusement supervisé la sélection des chênes. Il est venu avec ses documents en forêt de Bercé. Sur la question, le technicien est intarissable. Il montre pédagogiquement tous ses tableaux Excel. « Nous avons analysé les bois brûlés de Notre-Dame : ce qui nous a permis d'affiner nos recherches », explique-t-il. Tant pour les huit chênes de Bercé que pour tous les autres. Car, pour reconstruire Notre-Dame, plus de deux mille chênes seront nécessaires.

Mais faut-il une nouvelle charpente en bois ? La question a fait débat. Pourquoi ne pas préférer l'acier ? Ou de nouveaux matériaux, comme le titane ? C'est ce qu'ont préconisé, juste après l'incendie, des architectes et des experts, plaidant que cela serait plus prudent. Une charpente plus légère, plus facile à mettre en place et surtout qui ne brûle pas. Reconstruire à l'identique n'était-il pas aussi une manière de vouloir effacer définitivement le traumatisme de l'incendie ? D'être, au fond, uniquement passéiste ? Aux cathédrales de Reims et de Chartres, on avait, de fait, préféré le béton armé pour la première et l'acier pour la seconde. Chez Philippe Villeneuve, la conviction était inverse. Discrètement, il a peu à peu imposé ses vues, celle d'une reconstruction à l'identique, conformément à la charte de Venise, qui préconise, en cas de sinistre, de rebâtir dans le dernier état connu. À Notre-Dame, c'était donc celui laissé par Eugène Viollet-le-Duc après sa gigantesque restauration/reconstruction au XIXe siècle.

Pour asseoir son projet, Villeneuve a intégré très vite à ses côtés l'un des meilleurs connaisseurs de la charpente médiévale de Notre-Dame, l'architecte en chef des monuments historiques Rémy Fromont. D'autres arguments que la donnée exclusivement patrimoniale entraient en ligne de compte. L'un des principaux sans doute a été la solidité du bois. « Nous avons redonné une charpente à Notre-Dame pour huit cents ans », s'enthousiasmait, à l'été 2024, Philippe Jost, l'ancien bras droit de Georgelin, qui lui a succédé à la tête de l'établissement public après le décès brutal du militaire à l'été 2023. Reconstruire à l'identique, c'est-à dire en chêne massif, c'était aussi l'assurance de conserver l'équilibre des charges de la cathédrale. Pour finir, une association, Charpentiers sans frontières, a mobilisé ses troupes, munies du savoir-faire de la taille à la main. Le chantier de Notre-Dame a attiré beaucoup de volontaires, venus y compris de l'étranger.

La moitié des chênes nécessaires à la reconstruction des charpentes de Notre-Dame sont prélévés au cours de 2021. Contrairement à ce que certains pourraient redouter, ces prélèvements ne sont en rien des pillages qui mettraient en danger les massifs forestiers de l'Hexagone. Ils ont eu lieu selon des règles strictes. « Leur récolte était programmée pour les coupes de 2021 », précise Claire Quinones. Pour ce qui est des mille premiers chênes, ce sont des dons qui proviennent des forêts domaniales de l'État, des massifs forestiers communaux ou de propriétaires privés. Dans les bois de Bercé, le général Georgelin se félicite, lyrique, de cette mobilisation : « C'est un chantier qui concerne toute la France. Il permettra d'assurer la sécurité de Notre-Dame pour huit à dix siècles. »

Pour les huit chênes de la Sarthe, les exigences étaient particulièrement élevées. La future flèche de la cathédrale reprend les dimensions initiales de celle de Viollet-le-Duc. Son élancement est rendu possible grâce au large empâtement de son tabouret. « Il nous fallait des chênes dont le fût atteigne les vingt mètres », explique François Auger. « Les chênaies domaniales sont vraisemblablement les seules à pouvoir fournir ce type de bois », appuie, de son côté, Bertrand Munch, directeur général de l'ONF. « Cela fait plus de deux cents ans que les chênes y sont menés en futaie régulière, une technique qui permet de produire des arbres très élancés. » Les huit chênes ont été choisis parmi les arbres arrivés à maturité et dont la récolte était programmée pour laisser place à une nouvelle génération.

Les experts ont pris leurs précautions. Si le tabouret de la future flèche nécessite seulement six fûts, deux arbres supplémentaires ont été sélectionnés. Car il y a les impondérables. « Par exemple, des nœuds noirs dans le bois, c'est-à-dire cachés, qu'on ne peut pas voir avant que les arbres soient débités », explique l'un des experts. « Quoi qu'il arrive, les deux supplémentaires seront, eux aussi, utilisés », rassure, de son côté, l'architecte Rémi Fromont. Les huit arbres d'exception de la forêt de Bercé ont été abattus dans les jours qui ont suivi l'escapade forestière des personnalités. Et acheminés par convoi exceptionnel à 120 kilomètres de là, à la scierie des Géants, l'une des seules, en France, à pouvoir traiter les grumes de cette taille, chacune pesant au bas mot une quinzaine de tonnes. Les mille premiers chênes de Notre-Dame sont arrivés entre fin 2022 et début 2023 dans les ateliers des charpentiers, qui les découpent manuellement, à l'ancienne, selon les techniques médiévales. D'ici là, les arbres devront être débardés, sciés, stockés, séchés. Le temps est encore long.

Dans les bois de Bercé, la presse ne lâche pas pour autant le général Georgelin. Chaque fois, la question est récurrente, signe que les doutes persistent sur ce défi fou – et peut-être imprudent – de restaurer la cathédrale en seulement cinq ans. Alors, les travaux seront-ils achevés en 2024 ? Pour une fois, le militaire corrige le tir : « Je n'ai jamais dit cela. Ce que je promets, c'est que le culte pourra reprendre à cette date. » En clair, il n'est pas nécessaire que les travaux de restauration soient totalement achevés pour que la cathédrale soit ouverte au public et aux fidèles catholiques. Au printemps 2021, le doute commence-t-il à s'insinuer ? Le chantier a été retardé par les problèmes de pollution au plomb ; le protocole imposé à ceux qui y travaillent est très lourd, impliquant notamment le passage par la douche pour se décontaminer, ce qui est très chronophage. La pandémie de Covid-19 qui sévit encore, à l'hiver 2021, n'a rien arrangé. L'horizon d'une ouverture le 15 avril 2024 commence à s'éloigner…

Et la flèche ? Sa destruction, le soir de l'incendie, demeure comme le symbole du drame du 15 avril 2019. Comme s'il avait un moment de doute, ce qui est rare, le général se tourne vers l'architecte. Villeneuve a le ton décidé de ceux qui veulent relever les défis. « Oui, en 2024, elle s'élancera à nouveau dans le ciel de Paris », promet-il. L'architecte paraît soudain bien téméraire. Remonter la flèche est sans doute le plus grand défi technique de la restauration de Notre-Dame.

Les charpentes de Notre-Dame

Pour ceux qui, avant l'incendie, n'ont pas pu voir de leurs propres yeux la « Forêt » de Notre-Dame, le regret restera. Visiter la charpente médiévale de la cathédrale était une expérience émouvante, à entendre ceux qui ont pu accéder au grand comble avant la soirée maléfique du 15 avril 2019. Les flammes les dévorant goulûment, beaucoup de ces structures multiséculaires ont, en effet, depuis longtemps disparu, et c'est précisément ce qui rendait la charpente médiévale de Notre-Dame si précieuse, ce qui en faisait l'une des richesses de la cathédrale. Dans la capitale, il n'y a guère qu'à Saint-Pierre-de-Montmartre, joli édifice méconnu qui jouxte la basilique du Sacré-Cœur sur la colline, qu'une telle structure subsiste.

La charpente de Notre-Dame qui a brûlé dans l'incendie était construite en chêne massif et non pas en châtaignier comme l'ont écrit des chroniqueurs aux XVIIe et XIXe siècles. Seules celles de la nef et du chœur remontaient à l'époque médiévale ; celle du transept avait été reconstruite par Viollet-le-Duc au XIXe siècle. Les historiens débattent encore pour établir précisément la date des charpentes médiévales, vers la fin du XIIIe siècle, en tout cas. Viollet-le-Duc, lui, a fait l'hypothèse, à partir d'observations techniques liées à l'architecture, que celle qui a subsisté jusqu'au 15 avril 2019 n'était pas, en réalité, la charpente originelle. « La datation des actuelles charpentes reste imprécise, d'autant plus qu'elles sont liées à la géométrie des voûtements du chœur et de la nef », écrit l'architecte Bernard Fonquernie dans *La Grâce d'une cathédrale : Notre-Dame de Paris* (éd. La Nuée Bleue/Place des Victoires). Un consensus s'établit peu à peu pour déterminer trois campagnes de construction de la charpente de Notre-Dame, qui se situeraient en 1220 pour celle construite sur le chœur et 1230-1240 pour la nef. Selon cette hypothèse, développée par Frédéric Épaud, chercheur au CNRS, une première charpente daterait de 1160-1170 et aurait fait l'objet de réemploi par la suite.

La charpente du chœur, celle d'avant le 15 avril 2019, était constituée de douze fermes, dont quatre avaient été remplacées par Viollet-le-Duc au XIXe siècle, espacées l'une de l'autre d'un peu plus de quatre mètres. À celles-ci, s'ajoute une demi-ferme de croupe, celle qui se situe à l'extrémité orientale. Pour ce qui est de la nef, la charpente était constituée de treize fermes, dont trois ont également été refaites au XIXe siècle, espacées entre elles de 3,45 mètres. Contrairement à une idée reçue, le bois n'était pas séché pendant de nombreuses années avant d'être utilisé. En fait c'était un bois vert qui venait généralement d'être abattu. La majorité des chênes de la charpente médiévale de Notre-Dame avaient en moyenne une soixantaine d'années.

Des pierres pour les voûtes

(Bonneuil-en-Valois, avril 2022)

Téléguidée, la haveuse, une imposante machine de chantier, plante sa scie dans le bloc de pierre calcaire puis le découpe méthodiquement de haut en bas. Au-dessus de la carrière de la Croix-Huyart à Bonneuil-en-Valois (Oise), le ciel, ce matin d'avril 2022, est bas et lourd. Les pluies des derniers jours ont détrempé le terrain. La troupe qui suit le général Jean-Louis Georgelin a chaussé les bottes. Le militaire, ce jour-là, inspecte la carrière, suivi par la presse. Aux imprudents qui ont omis de se munir des chaussures adéquates, Olivier Rambach, le directeur commercial

des Pierres de Paris, l'entreprise qui gère la carrière, en fournit généreusement une paire.
Pour restaurer Notre-Dame de Paris, 1 000 m³ de pierres sont nécessaires. Lors de l'incendie, environ 15 % des voûtes ont été détruites, essentiellement à la croisée du transept, là où s'est effondré la flèche néogothique d'Eugène Viollet-le-Duc. La moitié des pierres seront extraites de la carrière de la Croix-Huyart. « C'est évidemment un honneur pour nous de participer à la restauration de la cathédrale », explique Gautier Horcholle, le directeur technique. La carrière a été achetée, il y a quarante ans, par son grand-père et mise en exploitation il y a une dizaine d'années. Elle fournit régulièrement des chantiers de monuments historiques et a été soigneusement sélectionnée par les géologues du Bureau de recherches géologiques et minières (BRGM), qui ont pris le dossier en main en juillet 2020.
À sa troupe, le général Georgelin explique qu'il s'agit de trouver « des pierres de remplacement » et non pas « de substitution ». En clair, les pierres utilisées pour la restauration de Notre-Dame doivent comporter les mêmes caractéristiques physico-chimiques que celles d'origine afin de s'harmoniser au mieux scientifiquement et esthétiquement. Pour les voûtes, la carrière de la Croix-Huyart est l'une des seules à pouvoir fournir la quantité suffisante, et dont les gisements correspondent aux caractéristiques recherchées. Les géologues du BRGM supervisent sur place les opérations. Une fois extraits de la carrière, les blocs de pierre, pesant chacun de deux à sept tonnes, sont transportés à une vingtaine de kilomètres de là, à

l'usine de Saint-Pierre-Aigle (Aisne), pour l'opération technique de découpage au lavage. Il s'agit de vérifier qu'aucun d'entre eux ne comporte le moindre défaut. « Le BRGM opère une dernière sélection », précise Olivier Rambach. Le jour de la visite, une dizaine de blocs très impressionnants étaient en attente de validation. Huit autres carrières de l'Oise et de l'Aisne ont fourni le reste des pierres nécessaires pour les travaux à Notre-Dame.

La cathédrale convalescente

(Sous les voûtes, avril 2021)

Cerné de hautes palissades, bardé de barbelés, le chantier de Notre-Dame de Paris est gardé, en ce printemps 2021, comme le grand coffre-fort de la Banque de France, protégé comme une centrale nucléaire en fusion. Une culture du secret, sans doute un peu militaire, s'est installée. Très peu de visites sont autorisées, notamment pour la presse. Et la communication est strictement contrôlée. Pour accéder au monument, il faut souvent insister. Le chantier met chacun sous pression ; les délais sont courts, cinq ans pour rebâtir le monument, ce qui est pratiquement un exploit. La crainte de polémiques joue aussi, tant l'affaire est devenue politiquement emblématique. La restauration est un enjeu crucial, celui du succès, pour les deux quinquennats, particulièrement malmenés, d'Emmanuel Macron. Le chef de l'État a placé la barre très haut. Et veut que la réouverture de Notre-Dame soit une consécration politique. Peu ou prou, entrer dans la cathédrale relève du privilège.

Une fois à l'intérieur, l'expérience est rare, bouleversante. Le visiteur est saisi, déboussolé même par la vision d'une forêt d'échafaudages. Elle est dense, rythmée par la géométrie de ses milliers de tubes. « C'est une cathédrale d'acier », décrit Didier Cuiset, le concepteur de l'ensemble de ces structures qui pèsent, au bas mot, 800 tonnes. L'homme est, encore une fois, l'un des bons génies du chantier. Ses échafaudages épousent les lignes du monument, s'élèvent le long des murs, ondulent en suivant la courbe du chevet. Tapissée d'acier, la cathédrale ressemble à une gigantesque installation d'art contemporain. « Un échafaudage, ça doit être beau et utile », commente Didier Cuiset.

Pour installer sa forêt d'échafaudages, le concepteur a dû étayer la cave Soufflot, creusée sous la nef, consolider la salle des caveaux des archevêques, aménagée sous le chœur, pour que les sols puissent supporter la charge de ces tonnes d'acier. « Notre-Dame est un gruyère, traversé de gaines de ventilation et de chauffage », explique-t-il. L'édifice est aussi un peu de guingois. « Les colonnes de la nef ne sont pas symétriques, elles sont décalées d'au moins 80 centimètres. » Ce qui a évidemment compliqué l'ajustement des échafaudages les uns aux autres

« Au millimètre près »

À l'intérieur, le bruit incessant des scies et des marteaux rappelle qu'on est là dans un chantier. Au printemps 2021, l'opération la plus spectaculaire se déroule à 27 mètres au-dessus du sol, au plus près des voûtes. C'est la dernière phase de sécurisation de Notre-Dame. Elle a commencé en mars 2021 et devait se terminer l'été suivant. Il s'agit de placer des demi-cintres en bois, pesant chacun une tonne et demie, sous la poignée de voûtes les plus endommagées par l'incendie, deux dans le chœur, une dans le transept nord et deux dans la nef. Rien ne pouvait être entrepris tant que le grand échafaudage de la flèche n'avait pas été démonté. Installer ces demi-cintres est, encore une fois, une opération délicate, pensée au cordeau.

Trois mois plus tôt, le général Georgelin s'est rendu à Jarny, en Meurthe-et-Moselle, s'assurer de la bonne marche des préparatifs chez Le Bras Frères, l'une des entreprises qui travaillent sur le chantier, et dont les couvreurs et les charpentiers ont l'habitude des monuments historiques. Georgelin est coiffé d'une casquette et porte son immanquable imperméable beige. À la tête d'une petite troupe de photographes et de journalistes, il mène sa visite au pas de charge. La communication a, cette fois-ci, mis les petits plats dans les grands.

Dans les ateliers de Le Bras Frères s'achève, en cette fin d'hiver, la construction des 52 demi-cintres en bois qui renforceront les cinq voûtes fragilisées, d'après le diagnostic établi par l'architecte Philippe Villeneuve. « Tout se passe au millimètre près. Et nous n'avons pas le droit à l'erreur », explique Sébastien, l'un des ingénieurs qui travaillent au bureau d'études de Le Bras Frères. Sur son écran : Notre-Dame de Paris reconstituée en 3D. Chacun des demi-cintres est conçu numériquement et ajusté précisément à la voûte sous laquelle il viendra se placer. Tout ce qui peut être préparé en amont l'est dans les ateliers de Jarny.

Une fois achevés, les demi-cintres sont acheminés par camions à Paris. « C'est toute la France qui nous aide à restaurer Notre-Dame, un travail de l'ombre dans plusieurs régions. Les huit mille tuyaux du grand orgue ont été démontés par des facteurs d'orgue de Corrèze, de l'Hérault et du Vaucluse, les vitraux des baies hautes ont été déposés dès le lendemain de l'incendie par des maîtres verriers venus d'Aude, de Côte-d'Or, d'Eure-et-Loir et de Sarthe », s'enthousiasme Georgelin. Deux ans après l'incendie, la cathédrale devient, politiquement et culturellement, le ferment et le symbole de l'unité de la nation après les déchirements de la crise des Gilets jaunes et la pandémie du Covid-19 et ses confinements successifs.

« Depuis le 16 avril 2019, nous travaillons non-stop à la cathédrale, explique Julien Le Bras, le jeune patron, à peine trentenaire, de l'entreprise. Pour nos deux filiales, cela représente la mobilisation d'une centaine de salariés. Nous combinons des savoir-faire traditionnels avec des techniques contemporaines. » Les équipes d'Europe Échafaudage, la filiale de Le Bras Frères, étaient les seules à travailler à Notre-Dame le jour de l'incendie ; elles montaient le grand échafaudage, nécessaire à la restauration de la flèche de Viollet-le-Duc. Les salariés ont été immédiatement pointés du doigt comme étant les responsables. Et même harcelés jusqu'à leur domicile, d'après le témoignage de Julien Le Bras. Des lettres anonymes et menaçantes sont, elles, parvenues au siège de l'entreprise.

Le labyrinthe du Minotaure

À Jarny, les opérateurs se préparent soigneusement à l'installation des demi-cintres sous les voûtes. Pendant la visite de Georgelin, un montage à blanc a lieu, dans la cour de l'entreprise, pour caler les derniers réglages, et expérimenter en grandeur nature la technique choisie. « Ces éléments de charpente, il va falloir les transporter, les mettre en place, les lever, explique l'ingénieur de chez Le Bras Frères. Pour cette opération, nous allons utiliser des vérins hydrauliques, ce qui est très rare. Tout cela est du sur-mesure, quasiment comme des pièces d'horlogerie. » Plus que la conception des demi-cintres, c'est, en fait, leur mise en place sous les voûtes qui demande ingéniosité et précision.

À l'intérieur de Notre-Dame, le visiteur a parfois l'impression d'explorer le labyrinthe du Minotaure, de risquer de s'y perdre. La forêt d'échafaudages annihile les repères familiers ; le monument ne se ressemble plus. Pour gagner l'emplacement des voûtes, il faut emprunter un monte-charge, prendre sur soi si l'on a peur du vide. L'impressionnante montée dure quelques minutes, laissant le temps au regard de balayer, au fil de l'ascension, l'incroyable construction des échafaudages. La cathédrale, souffrante, est vidée de ce qui fait habituellement sa vie, de ses touristes et de ses fidèles. Mais elle est peuplée des générations de bâtisseurs qui se sont succédé et qui sont demeurés le plus souvent anonymes. Prendre le chemin de ces vertigineux échafaudages, c'est nouer un peu le lien avec ceux-là et mesurer l'épaisseur des siècles.

En décembre 2019, une immense grue jaune est venue en renfort sur le chantier. Culminant à 90 mètres, elle est mobilisée pour l'opération de sécurisation des voûtes endommagées. Elle dépose les éléments en bois sur une plateforme extérieure. Puis ceux-ci sont transportés à l'intérieur de la cathédrale, à travers un oculus d'une des baies hautes, démontées immédiatement après l'incendie.

À la fin de la journée, le chantier est quasiment déserté. En enjambant l'oculus, on se retrouve sur cette terrasse, comme en suspens. Le vent souffle un peu. Au soleil couchant, qui mue l'instant en éternité, la vue sur Paris coupe le souffle. Juste dans l'axe émerge la coupole du Panthéon. À nos pieds coule la Seine. La cathédrale est lovée entre les deux bras du fleuve qui enserre l'île de la Cité. En avance pour son époque, son architecture est sans doute moins époustouflante que celle des cathédrales de Strasbourg, de Rouen ou d'Amiens, édifiées plus tardivement.

À l'intérieur, il suffit de marcher quelques pas pour être au bord de l'énorme béance qui, comme une blessure, troue l'édifice, à la croisée du transept. Ici se trouvait la souche de la flèche néogothique de Viollet-le-Duc qui s'est effondrée dans la nuit qui a suivi l'incendie, s'écroulant à l'intérieur de la cathédrale. Les yeux plongent dans le vide. Un filet a été tendu, en contrebas, pour protéger de la chute d'éventuels débris. En levant la tête vers le ciel, on aperçoit vers l'avant la cime des deux tours. La trouée résume, à elle seule, l'incendie.

Poussières de plomb

Comme au Moyen Âge, lorsque se construisaient les cathédrales, il y a plusieurs chantiers dans ce chantier exceptionnel. Restauratrice de peintures murales, Marie Parant connaît bien Notre-Dame, où elle a déjà travaillé. À l'hiver et au printemps 2021, elle est là, en éclaireuse. « Le décalage entre notre travail avec nos petits pinceaux et nos petites couleurs et ce qui se passe ailleurs dans la cathédrale – le montage des échafaudages, la pose des cintres sous les voûtes – est impressionnant », commente la restauratrice.

Pendant plusieurs mois, Marie Parant a concentré ses interventions sur la chapelle Saint-Ferdinand, située dans le chœur. C'est l'une des deux chapelles où sont menés des tests afin de mettre en place un protocole de restauration qui sera appliqué à toutes les autres. Il s'agit d'abord de les nettoyer en ôtant la crasse qui s'est incrustée. L'incendie a provoqué la dispersion de poussières de plomb dans tout l'édifice ; elles proviennent de la toiture et de la flèche, détruites par les flammes. Au fil des mois, la cathédrale sera entièrement dépolluée. Strict et exigeant, le protocole d'intervention, lié à la pollution au plomb, est, selon Marie Parant, « très chronophage ». « Nous avons travaillé sous masque à ventilation assistée », précise-t-elle.

Notre-Dame de Paris compte l'un des ensembles les plus remarquables de décors muraux d'Eugène Viollet-le-Duc. « Le système est à peu près identique d'une chapelle à l'autre, un ciel bleu étoilé, des motifs géométriques, des éléments de la vie du saint », explique la restauratrice. Les décors muraux ont subi peu de dégâts lors de l'incendie, le déambulatoire étant à l'écart de la zone la plus endommagée. « Cela a surtout ajouté de la poussière », relève Marie Parant. Ces premiers essais sont encourageants et prometteurs. « Les travaux de restauration vont permettre d'avoir une idée précise de la décoration de la cathédrale et de la dater », explique Philippe Villeneuve. Comme souvent sur le chantier, ils ont réservé de belles surprises. Pendant les essais, des traces inconnues de peinture ont été identifiées sur des nervures de voûtes, un mince filet rouge qui court le long de celles-ci.

Restaurée, la chapelle Saint-Ferdinand a retrouvé des tons chatoyants, du rouge et un décliné de tons crème. Les échafaudages permettent d'approcher au plus près. Le visiteur se trouve quasiment à la hauteur des piliers, peut tendre la main et toucher les voûtes de la chapelle. La proximité crée une intimité rare avec le monument, devenu touchant dans sa fragilité. Sombre, grisâtre et terne avant l'incendie, Notre-Dame de Paris devrait, à l'issue de sa reconstruction, changer radicalement de visage. Les premiers nettoyages des murs et piliers révèlent déjà une pierre (un calcaire d'Île-de-France) à la couleur inattendue, dorée et lumineuse. Cela préfigure une redécouverte radicale de la cathédrale, un choc à sa réouverture, pour les visiteurs et les fidèles. Jamais l'édifice n'aura été aussi lumineux.

160 millions d'euros

Quand l'étaiement des voûtes sera terminé, commenceront les travaux de restauration proprement dit, l'édification d'une toiture en plomb et d'une charpente en bois de chêne. Au printemps 2021, Georgelin est confiant. « Nous maintenons l'objectif fixé par le président de la République : achever la restauration de Notre-Dame pour 2024 », affirme-t-il. Sa tâche primordiale est de maintenir, coûte que coûte, l'échéance. « Globalement, le chantier de sécurisation se déroule conformément à nos prévisions, certifie le général. Il peut y avoir des imprévus, comme la chute ponctuelle de pierres qui a été constatée lors des épisodes de fort gel, générant des difficultés, mais sans remettre en cause la bonne marche du chantier. » Le général promet, encore, qu'un Te Deum sera célébré le 16 avril 2024 dans la cathédrale pour acter sa réouverture au public et au culte. Ses visites à la cathédrale lui permettent de découvrir des lieux inaccessibles. Telle l'extraordinaire rose occidentale [un vitrail, NdA], intacte, que l'on peut admirer grâce à l'échafaudage du grand orgue. Le militaire commente tel un historien de l'art : « C'est une méditation que nous offre le Moyen Âge sur les douze vertus terrassant les douze vices que je ne me lasse pas d'admirer. »

« Maintenant, nous sommes dans un élan positif, nous avançons », résume, de son côté, Philippe Villeneuve. À Notre-Dame, la vie n'est pas toujours un long fleuve tranquille. Parfois, les ego s'entrechoquent. Ce chantier, rappelant l'époque grandiose et emblématique des bâtisseurs de la cathédrale, intéresse le monde entier. L'architecte, lui, a gagné l'une des belles batailles de sa vie en obtenant l'accord des autorités compétentes (la Commission nationale du patrimoine et de l'architecture) et la bénédiction d'Emmanuel Macron pour restaurer la cathédrale à l'identique. Ce sera un hymne à Viollet-le-Duc, grand sauveteur au XIXe siècle des bâtiments médiévaux, admiré dans les milieux des monuments historiques, adulé même depuis une trentaine d'années qu'il est sorti du purgatoire de l'histoire de l'art. La fin des travaux en 2024 ? L'architecte y croit, lui aussi, dur comme fer.

Le 15 avril 2021, deux ans jour pour jour après l'incendie, Emmanuel Macron revient constater lui-même l'avancée des travaux. C'est sa première visite officielle à la cathédrale depuis que les flammes l'ont ravagée. Cette fois-ci, il a enfilé une combinaison grise d'ouvrier. Il est chaussé de bottes et porte un casque de chantier. Pour des raisons de sécurité, la visite présidentielle a été annoncée au dernier moment. Et donne lieu à d'impressionnantes mesures de sécurité. Les regards acérés ont pu apercevoir des plongeurs dans la Seine, à proximité du monument. Dans l'escorte officielle, il y a aussi la maire de Paris, Anne Hidalgo, et la ministre de la Culture, Roselyne Bachelot, qui, sujette au vertige, s'est contentée de visiter la nef du monument, déclinant l'invitation à monter dans les ascenseurs. Selon les déclarations de la ministre, les travaux de sécurisation de la cathédrale ont coûté, en deux ans, 160 millions.

L'épidémie de Covid-19 a repris et la France a replongé dans un nouveau confinement. À Notre-Dame, chacun est masqué. Le chef de l'État lance un martial : « Nous tiendrons et nous allons rebâtir. » Dans le quotidien catholique *La Croix*, la maire de Paris s'est faite, elle, lyrique, établissant des liens entre l'incendie et la catastrophe sanitaire. « Cette cathédrale, dit-elle, nous élève, que l'on soit croyant ou non. Elle demeure un symbole de notre unité. Elle représente un repère qui a traversé les siècles, et la menace de sa disparition a provoqué une prise de conscience de notre fragilité. » Malgré tout, en ce printemps 2021, il flotte dans l'air comme un soulagement.

Volubile et passionné, Philippe Villeneuve commente la visite. Au président, il présente les équipes et les compagnons qui l'entourent, ceux qui soignent le monument. La cathédrale est maintenant hors de danger. L'anxiété qui minait les uns et les autres s'estompe peu à peu. Quelques jours avant la visite présidentielle, l'architecte en chef confiait : « J'ai enfin oublié la cathédrale meurtrie, déglinguée. J'ai mis les pansements là où il fallait. »

Le sauvetage de la *Vierge du pilier*

L'incendie du 15 avril n'a pas seulement mis en danger le monument. Il a aussi creusé des chagrins insondables. « J'ai longtemps pleuré », confie, deux ans plus tard, Marie-Hélène Didier. Pour la conservatrice générale des monuments historiques, cette nuit-là fut une catastrophe. À quelques jours du deuxième anniversaire de l'incendie, nous lui avions donné rendez-vous à Saint-Germain-l'Auxerrois, une église catholique au centre de Paris, située à proximité du musée du Louvre. C'est là que la statue dite de la *Vierge du pilier* était à nouveau présentée à la dévotion des fidèles et à la contemplation des touristes après avoir été dépolluée. Les autres œuvres de Notre-Dame et ses reliques sont entreposées au Louvre ou dans des entrepôts pour être restaurées.

Cette statue est devenue emblématique de Notre-Dame de Paris. Devant elle, l'écrivain Paul Claudel, d'après ce qu'il en raconte, s'est converti au catholicisme pendant les vêpres de Noël 1886. « J'étais moi debout dans la foule, près du second pilier, à l'entrée du chœur, à droite du côté de la sacristie. Et c'est là que se produisit l'événement qui domine toute ma vie. En cet instant, mon cœur fut touché et je crus », écrit Claudel dans son texte *La Conversion*, publié en 1913.
Cette Vierge à l'Enfant date de la fin du XIVe siècle et mesure 1,80 mètre. Elle a un léger déhanchement de la hanche gauche, très caractéristique de l'époque. Elle porte une couronne et est revêtue d'une robe royale, ce qui lui confère une allure de reine. Sur son bras gauche se tient l'enfant Jésus qui brandit, dans sa main droite, l'orbe du monde.
D'après les recherches historiques, la *Vierge du pilier* a été installée à Notre-Dame de Paris seulement au XIXe siècle. « Elle provient d'une autre église parisienne », précise la conservatrice. Pour son mastère, l'une de ses étudiantes a travaillé à reconstituer les pérégrinations de celle qui est devenue, il y a cent soixante-dix ans, la *Vierge du pilier*. En 1818, la statue prend place sur la façade de Notre-Dame, au pilier-trumeau du portail de la Vierge. Au cours de sa grande restauration, Eugène Viollet-le-Duc trouve à la statue une place dans le chœur, dont elle ne bougera plus jusqu'à l'incendie du 15 avril 2019. Indemne des flammes et de dommages malgré l'effondrement de la flèche – ce que certains ont interprété comme une sorte de miracle –, la statue

a donné beaucoup de sueurs froides à Marie-Hélène Didier ; la *Vierge du pilier* se situait dans la zone la plus lourdement endommagée. Au-dessus d'elle, les voûtes fragilisées par le feu et l'eau des pompiers risquaient encore de s'effondrer. « Chaque matin, quand j'arrivais à Notre-Dame, je craignais de la retrouver en miettes », raconte la conservatrice. Dans les jours qui ont suivi l'incendie, le périmètre du chœur demeurait interdit. Il était donc impossible d'approcher la statue.

Heurs et malheurs des tableaux de Notre-Dame

(Essonne, mai 2022)

Perdue à la lisière de l'Essonne, la zone d'activités, sans âme, ressemble à des dizaines d'autres qui parsèment la région parisienne. À la fin de mai 2022, elle est déjà écrasée de chaleur. Celle que nous visitons abrite des trésors inestimables : une vingtaine de toiles – des grands formats souvent de plus de quatre mètres sur trois. Transportées par camions, celles-ci sont arrivées très discrètement, en décembre 2020, dans les entrepôts du groupe Bovis Fine Arts, spécialiste du stockage d'œuvres d'art. Peintes par Charles Le Brun, Laurent de La Hyre, les frères Le Nain, Guido Reni ou encore Ludovico Carrache, des maîtres de la peinture des XVIIe et XVIIIe siècles, ces œuvres ornaient, avant l'incendie, les chapelles de Notre-Dame de Paris.

Même si ces peintures sont trop connues pour être monnayables sur le marché de l'art, la peur du vol, voire du vandalisme, impose la discrétion. Pour visiter ces entrepôts particuliers, il a donc fallu strictement garantir de ne pas en dévoiler l'adresse.

L'ensemble représente des scènes religieuses et bénéficie d'une remise à neuf intégrale, grâce aux fonds collectés par la souscription nationale après l'incendie de Notre-Dame de Paris, un montant, il faut le redire encore, tout à fait exceptionnel, qui a atteint 846 millions d'euros. « Si l'on regarde les événements de façon optimiste, c'est vrai qu'une telle opération n'aurait pu jamais avoir lieu sans ces circonstances tragiques », estime Laurent Roturier, le directeur régional des affaires culturelles de l'Île-de-France. Elle est même inespérée ! De façon chronique, les subsides manquent drastiquement pour entretenir l'important patrimoine religieux de la France, en particulier les quatre-vingt-sept cathédrales qui appartiennent à l'État.

Même s'il a peu souffert de l'incendie qui a ravagé la toiture et les charpentes, le mobilier de Notre-Dame de Paris a bénéficié d'une restauration presque intégrale après le 15 avril 2019. « Pour restaurer les grands formats de Notre-Dame, nous avons décidé de mener cette opération dans un même endroit, ce qui permet d'éviter des allers-retours », explique Antoine-Marie Préau, conservateur régional des monuments historiques d'Île-de-France, rattaché à la Direction des affaires culturelles (DRAC). Et de restreindre, bien sûr, les risques de vol.

En début de soirée, le 15 avril 2019, Antoine-Marie Préau est arrivé parmi les premiers sur le parvis de la cathédrale en flammes, prévenu par des dizaines de messages arrivant sur son téléphone portable tandis qu'il bouclait une réunion au palais de l'Alma. Le conservateur est alors parti en courant vers l'île de la Cité, préférant éviter les transports en commun de peur de rester bloqué. Avec la petite équipe présente dans la cathédrale, il participe, ce soir-là, aux sauvetages des reliques et des œuvres qui pourraient être menacées par les flammes. La nuit de l'incendie, pompiers et experts arrivés pour leur prêter main-forte ne peuvent pas grand-chose pour les peintures, en particulier les grands formats, très difficiles à manipuler. Seuls deux tableaux, faciles d'accès, sont décrochés : *La Naissance de la Vierge* des frères Le Nain, sans doute le chef-d'œuvre le plus remarquable de la collection de Notre-Dame, et *La Vierge de pitié* de Lubin Baugin, un étonnant tableau baroque qui retient l'attention par la contorsion du corps du Christ, qui repose, dans une position étonnante, sur les genoux de sa mère.

Le lendemain de l'incendie, le 16 avril, Marie-Hélène Didier arrive tôt pour évaluer la situation. Elle est encore sous le choc d'une nuit de tourments pendant laquelle elle a craint ni plus ni moins que Notre-Dame s'écroule. « Le matin, les tours étaient debout. J'ai décidé tout de suite de me rendre à la cathédrale. Quand je suis arrivée, je m'attendais à trouver l'intérieur entièrement noirci », raconte-t-elle. Tandis que l'architecte Philippe Villeneuve évalue l'état de la structure du bâtiment, elle en inspecte l'intérieur. « Ce que l'on voyait était un désastre, dit-elle. Mais je ressentais aussi un immense soulagement.

Les œuvres n'avaient pas été touchées. » L'urgence est de mettre à l'abri la vingtaine de toiles. L'édifice demeure extrêmement fragile, risque de s'effondrer. Il faut évaluer l'état des tableaux, les protéger des titanesques travaux qui s'annoncent.

Trois jours plus tard, le 19 avril, une opération spéciale est montée pour exfiltrer cette vingtaine de peintures, précieuses pour la culture, l'histoire de l'art et le patrimoine. « Il nous fallait le feu vert de la préfecture de Police », explique Antoine-Marie Préau. Dès le lendemain de l'incendie, Notre-Dame a été placée sous un arrêté de péril. Une « task force » de dix personnes est constituée ; des petits échafaudages roulants sont utilisés pour accéder aux œuvres. « Sur place, nous avons procédé à un rapide diagnostic, à un contrôle sanitaire. Puis, les tableaux ont été acheminés en l'état, sans déposer les cadres », explique le conservateur. Malgré tout, l'humidité présente dans la cathédrale, due à l'arrosage des pompiers, « avait provoqué des déformations des toiles », souligne Marie-Hélène Didier. Un pompage a permis qu'elles retrouvent leur planéité.

Un ballet discret de camions emporte les quinze tableaux décrochés le 19 avril, remisés dans des entrepôts en région parisienne, dont l'adresse, elle aussi, est maintenue secrète. Cinq jours plus tard, trois autres œuvres, situées dans la tour nord, sont, à leur tour, évacuées. Les deux derniers tableaux quittent Notre-Dame en août 2020. Nichés dans le bras sud du transept, l'une des zones les plus dangereuses, ils n'ont pas été accessibles pendant plus d'un an.

En décembre 2020, l'ensemble des vingt-deux tableaux a pris ses quartiers dans la base secrète de l'Essonne. Leur restauration à proprement parler n'a débuté qu'un an plus tard, confiée à trois groupements de restaurateurs. Vu l'ampleur de la tâche, la DRAC a demandé à ces experts, qui travaillent généralement seuls, de se constituer en équipes. À cause du délai de cinq ans imposé par le président de la République, la tâche était très contrainte dans le temps, devant être achevée pour que les œuvres puissent être replacées dans la cathédrale juste avant sa réouverture au public et au culte.

Comme pour tout le chantier de Notre-Dame, l'opération est inédite, exceptionnelle. « Nous avons créé le plus imposant atelier de restauration de tableaux en Europe », se félicite Antoine-Marie Préau. L'atelier, aménagé dans les entrepôts, comprend une réserve et deux salles, l'une pour le travail sur les couches picturales des tableaux et l'autre pour les supports, c'est-à-dire les cadres et les toiles. Dans la base secrète de l'Essonne, la température est réglée au degré près pour la bonne conservation des œuvres ainsi que celle des matériaux utilisés.

Lors de notre visite, juchés sur des échafaudages, deux jeunes restaurateurs, Vito et Sarah, terminent de restaurer *La Lapidation de saint Étienne*. Le tableau a été commandé, en 1651, à Charles Le Brun. Soutenu par le cardinal Mazarin, le peintre a déjà une réputation bien établie.

Quatre ans auparavant, alors qu'il rentre à peine de sa formation en Italie, Charles Le Brun a déjà peint un may, *Le Martyre de saint André*. Cette œuvre l'a fait connaître à Paris et a lancé sa carrière. Aux XVIIe et XVIIIe siècles, soixante peintres sont sollicités pour réaliser un may. « Pour la plupart d'entre eux, il s'agit d'un moment clé de leur carrière : une composition monumentale dont l'exposition dans la cathédrale assure une extraordinaire visibilité pouvant susciter de nombreuses commandes, explique l'historien Guillaume Kazerouni[1]. L'enjeu représenté par l'obtention d'un may justifie les nombreux dessins préparatoires et esquisses peintes qui précédaient sa réalisation. »

Dans l'atelier de restauration, Vito et Sarah achèvent les retouches de la couche picturale, en comblant les lacunes, c'est-à-dire des pertes de matière qui forment des petits creux, et les abrasions de *La Lapidation de saint Étienne*. Allongé sur le sol, le saint a les bras en croix. Comme l'attestent les pierres disposées près de son corps, la lapidation a déjà commencé. L'un des bourreaux lève le bras, tient un projectile dans sa main. Il est prêt à frapper le saint, l'empoigne par sa chemise. Le visage d'Étienne est verdâtre. Gianluca, qui dirige la petite équipe, attire l'attention

1. *Les Couleurs du ciel. Peintures des églises de Paris au XVIIe siècle*, catalogue de l'exposition du même nom, Paris musées, 2013.

sur la couleur de la tunique du bourreau. « C'est un bleu typique de Charles Le Brun, explique-t-il. La couleur n'était pas comme cela quand nous avons commencé notre travail de restauration, tout comme celle de la tunique d'Étienne, qui a un blanc éclatant. C'était beaucoup plus sombre, beaucoup plus gris. En nettoyant le tableau, nous avons redécouvert ces couleurs et leur éclat. »

Après avoir nettoyé la toile, les restaurateurs ont enlevé le vernis et les retouches anciennes, assez épaisses, qui assombrissaient les couleurs, en particulier le bleu de la tunique. « Les retouches, nombreuses sur ce tableau, n'étaient pas d'origine et avaient aussi viré au fil du temps », précise Gianluca. En vieillissant, le vernis altère les couleurs des tableaux. « Il s'oxyde, jaunit. Tout l'ensemble pictural devient plus sombre », poursuit le restaurateur. Le travail est minutieux, avance par petits tests. Sarah traite délicatement la jambe du bourreau. « Il y a des abrasions et la couche picturale est tombée », montre-t-elle. Par petites touches, la restauratrice reconstitue le bleu d'origine. « Nous sommes là pour servir l'œuvre, plaide Gianluca. Nous avons des gravures anciennes qui nous aident pour la retouche. »

Ce jour-là, Isaline Trubert s'affaire au chevet d'une œuvre d'un peintre mineur, Nicolas Loir. L'épisode (saint Paul aveugle le faux prophète Bar-Jésus et convertit le proconsul Sergius) est tiré du texte des Actes des Apôtres. La toile est de dimension imposante, 4,01 mètres de hauteur sur 3,45 mètres de largeur. L'œuvre de Loir disparaît derrière un échafaudage, dressé en hauteur, indispensable pour traiter l'ensemble du tableau. Pour la manutention, ces grands formats demandent pas moins d'une dizaine de personnes.

Muni d'une lampe, la restauratrice fait passer une lumière rasante sur la surface du tableau. Pour détecter les lacunes, il faut les corriger pour éviter que l'œuvre continue à se détériorer. À l'aide d'un pinceau, Isaline Trubert se livre à une opération minutieuse de masticage. À certains endroits, le tableau de Nicolas Loir est parsemé de petits points blancs, comme dans la barbe de saint Paul, des altérations de la couche picturale qui seront, elles aussi, corrigées.

« Nous sommes, nous les restaurateurs, en contact direct avec le tableau et, de ce fait, nous sommes très sensibles à sa matière », explique Isaline Trubert. La toile de Loir n'est pas l'un des chefs-d'œuvre de la série des mays de Notre-Dame. Mais, à la côtoyer intimement, la restauratrice apprend à l'apprécier. « Il y a des côtés assez contemporains dans la facture, dit-elle, notamment dans la manière de figurer les visages, qui sont très expressifs. » Des détails l'intriguent. Elle se demande qui est le personnage placé derrière saint Paul. Il porte une auréole au-dessus de la tête, indiquant qu'il s'agit d'un saint. Son visage évoque celui de Jean l'évangéliste. Mais, de toute évidence, ce n'est pas lui. Il s'agirait plutôt d'un des compagnons de Paul. « Je n'ai pas encore eu le temps de mener les recherches », avoue la restauratrice.

Lors de cette visite aux restaurateurs, un tableau de Ludovico Carrache retient l'attention, *Saint Bernardin de Sienne délivrant la ville de Capri*. Daté du début du XVIIe siècle, il était installé en bas de la nef, en hauteur, comme tous ces grands formats, assombri par le temps, difficile à voir, à admirer. Cette fois-ci, il est là, face à nous, se laissant presque dévisager. Comme d'autres, l'œuvre de Carrache a connu de mortelles péripéties. Du tableau initial, il ne reste que ce fragment où l'on voit le saint haranguant des soldats. Au loin, nous apercevons une ville italienne. L'autre partie, où était représentée, selon les historiens de l'art, une Vierge entourée d'une nuée d'anges, a été découpée et probablement vendue. La restauratrice, Isaline Trubert, lors de ses pauses, admire la toile. « Quelques traits suffisent, dit-elle, pour caractériser la tête du saint, donner du relief à ses pieds. »

Le plus beau chef-d'œuvre de cette série, le plus captivant pour les restaurateurs et les experts qui travaillent quotidiennement auprès d'eux, est la toile des frères Le Nain, datant de 1640 et représentant la Nativité de la Vierge, un motif tiré des évangiles apocryphes, souvent confondu avec la naissance du Christ. Au premier plan, une nourrice allaite Marie. Sa mère âgée, Anne, au second plan, est alitée après l'accouchement. À côté de la nourrice, Joachim, le père de la Vierge, se penche délicatement vers l'enfant. Son visage comme sa barbe donnent presque l'impression d'être sculptés. La composition est complexe et se perd dans un savant jeu de plusieurs plans.

Ce jour-là, dans les entrepôts Bovis, cette fameuse *Nativité de la Vierge* de Le Nain n'est pas visible. Ou seulement de dos, dans l'atelier de restauration des supports. À cet endroit, la température est strictement contrôlée à 20 degrés pour optimiser les matériaux, tels que la colle animale, utilisés pour les restaurations. Une intense soufflerie produit un bruit sourd. Abîmé par le temps, *La Nativité de la Vierge* a nécessité un rentoilage. Gianluca, formé à Florence, explique comment le châssis du tableau a lui aussi été dégradé. « On va reconstituer ce coin-là, car il a été découpé, sans doute pour le faire entrer dans un cadre », montre-t-il.

Dans l'atelier des couches picturales, Gianluca, muni de sa palette, achève les retouches de *La Visitation* d'Étienne Jeaurat. Datant de 1754, la toile ne fait pas partie de la série des mays de Notre-Dame. L'œuvre est même assez mal documentée. Les spécialistes n'ont pas pu, pour le moment, établir à quelle date elle a intégré la collection de la cathédrale. Seule certitude : sa présence au premier étage de la sacristie en 1877. Le regard du spectateur est attiré, au premier plan, par une tête d'âne plutôt sympathique. « C'est lui qui nous regarde », fait remarquer le restaurateur. Gianluca raconte les repentirs de l'artiste, qui ont pu être retracés pendant le travail de restauration. La composition de cette Visitation a évolué, le peintre ayant fait disparaître l'un des personnages, en le recouvrant d'un nuage. C'est aussi le cas pour la tête de l'âne. Dans une première version,

Étienne Jeaurat avait opté pour des oreilles dressées à l'horizontale. Puis s'est ravisé avant de les placer à la verticale.

Que faire face à ces découvertes ? Faut-il laisser apparaître les repentirs comme une sorte de trace archéologique de l'élaboration de l'œuvre ? Un comité scientifique se réunit régulièrement et prend les décisions. Tous les quinze jours, Marie-Hélène Didier vient, elle, rendre visite aux restaurateurs. D'abord Gianluca a laissé en transparence quelques traces du repentir des oreilles de l'âne. Mais, finalement, la décision a été prise de les masquer. « En fait, il y avait six oreilles de l'âne dans la toile. Leur position a évolué au fur et à mesure de l'exécution de l'œuvre », précise Marie-Hélène Didier.

Ces restaurations permettent d'en apprendre davantage sur les œuvres. « Ces toiles ont été régulièrement restaurées », rappelle la conservatrice. Et cela dès le XVIIIe siècle. La précédente restauration date du milieu du XXe siècle, lorsque l'inspecteur des monuments historiques, Jean-Pierre Auzas, a fait revenir dans la cathédrale un certain nombre de mays. « Nous n'avons pas découvert de scoops sur les peintres eux-mêmes, explique Marie-Hélène Didier. Mais nous avons approfondi nos connaissances sur leurs techniques ou encore l'histoire des restaurations. » Un exemple ? Le même type de vernis avait été appliqué sur les tableaux lors des travaux anciens. Grâce à une base de données, l'utilisation des vernis peut être suivie à la trace.

Avant d'être raccrochés à l'automne 2024 dans la cathédrale, la vingtaine de tableaux restaurés a fait l'objet d'une exposition au Mobilier national à Paris, l'occasion de les admirer à hauteur d'yeux. Ce que ne permet pas leur accrochage, en hauteur, dans la cathédrale. Il y a eu discussion, une fois encore, pour savoir à quel endroit de l'édifice ils devaient être exposés à la réouverture de Notre-Dame. À la demande du clergé, l'hypothèse de les raccrocher dans la nef, comme au XVIIIe siècle, a été examinée. « Je n'y étais pas *a priori* opposée », explique Marie-Hélène Didier. En fait, il a semblé plus opportun de les réinstaller dans les chapelles. Leur présence aurait gêné la vision globale de l'architecture, de l'élancement gothique de la cathédrale. « En voyant la cathédrale telle qu'elle est en 2024, j'ai compris, dit Marie-Hélène Didier, les choix qu'a faits Viollet-le-Duc. »

Les mays, une histoire mouvementée

Avant l'incendie du 15 avril 2019, treize mays étaient présentés dans la cathédrale. Mais relativement peu visibles. Une poignée d'historiens d'art s'est attelée, ces dernières années, à les faire redécouvrir, tout comme l'ensemble de la peinture présente dans les églises de Paris. Cela a donné lieu à une exposition au musée Carnavalet, « Les Couleurs du ciel », à l'automne 2013. Les mays de Notre-Dame constituent un fonds exceptionnel. « À la fin du

XVIIe siècle, pour avoir un aperçu complet de la peinture parisienne du siècle, c'est à Notre-Dame qu'il fallait se rendre, écrit l'historien d'art Guillaume Kazerouni[1]. D'une extraordinaire richesse, la cathédrale présentait des œuvres majeures et presque tous les peintres étaient représentés. » Une huile sur toile anonyme de la fin du XVIIe siècle, déposée au musée Carnavalet, présente une vue de la nef. Accrochés aux piliers, les mays sont exposés au regard des fidèles et visiteurs. Au premier plan se reconnaît l'œuvre d'Aubin Vouet, *Le Centurion Corneille aux pieds de saint Pierre*.

Les mays de Notre-Dame ont connu bien des vicissitudes. Ce qu'on appelle les mays est un ensemble de peintures offertes chaque année à la cathédrale par la puissante confrérie des orfèvres, de 1630 à 1707. À motif, ces œuvres puisent principalement leur inspiration, avec l'accord du chapitre des chanoines, dans le texte évangélique des Actes des Apôtres.

Avant même la Révolution, certains avaient déjà quitté la cathédrale. Pendant la période révolutionnaire, soixante et un mays sont encore présents dans le monument. D'abord déposés au Muséum central des arts, le futur musée du Louvre, et au musée des Petits-Augustins, ils sont ensuite dispersés. Certains sont découpés avant d'être mis en vente, d'autres roulés, entreposés çà et là. Le cardinal Joseph Fesch, oncle de Napoléon Bonaparte et grand collectionneur d'œuvres d'art, en rachète

1. *Les Couleurs du ciel. Peintures des églises de Paris au XVIIe siècle*, catalogue de l'exposition du même nom, Paris musées, 2013.

quelques-uns, vendus à la Révolution, et en dépose dans des églises, à Lyon notamment.

Après le concordat de 1802 et la réouverture au culte, une partie des mays revient dans la cathédrale. Mais ils n'y restent pas longtemps. Lorsque Eugène Viollet-le-Duc restaure Notre-Dame, il n'en veut plus. Selon lui, la cathédrale est médiévale, exclusivement médiévale. Il a d'ailleurs repensé entièrement les décorations murales de l'édifice. Les mays déménagent donc encore une fois. Seules quatre toiles restent remisées à la sacristie.

Inspecteur des monuments historiques, en charge de Notre-Dame pendant plusieurs décennies, Jean-Pierre Auzas va s'atteler, à son tour, à les retrouver. Et les faire revenir à la cathédrale dans les années cinquante et soixante. Lors d'une exposition à la chapelle de la Sorbonne en 1947 consacrée à Notre-Dame, il en montre quatre. Au fur et à mesure, Auzas les accroche dans les chapelles. Et commet ce qui serait considéré, à notre époque, comme un crime (symbolique, s'entend) de lèse-majesté. Dans les chapelles de la nef, il détruit la décoration murale de Viollet-le-Duc, considérant qu'il fallait des murs blancs pour apprécier les mays. « C'est aussi l'époque de la pierre apparente », note Marie-Hélène Didier.

Au début des années quatre-vingt-dix, l'archevêque de Paris, le cardinal Jean-Marie Lustiger, émet le souhait de voir revenir cette collection incomparable dans la nef de la cathédrale. Le projet tourne court après des tests menés avec des photographies grandeur nature, peu concluants. L'accrochage de ces

grands formats risquait de briser l'harmonie architecturale de l'édifice.
Des mays ont simplement disparu. Mais peuvent toujours ressurgir, par exemple lors de ventes aux enchères. Ou être simplement retrouvés. L'historien d'art Jean-Claude Boyer a ainsi authentifié, en 2007, l'un des mays de Notre-Dame dans l'église de Mirande, dans le Gers, *L'Assomption de la Vierge* d'Antoine Coypel. En 2021, un autre may est retrouvé dans l'église Saint-Nicolas de Givors (Rhône), *L'Adoration des mages* de Joseph Vivien. Une dizaine de peintures de cette série prestigieuse, n'ayant pas encore été localisées, manque encore à l'appel.

Un face-à-face inédit avec les vitraux

(Juillet 2021)

Nous voilà, à l'été 2021, face à un labyrinthe inextricable. Notre-Dame est méconnaissable, les repères habituels sont abolis. Comment se retrouver dans ce dédale impressionnant ? Comment rejoindre Élisabeth Pillet et Michel Hérold, deux spécialistes reconnus des vitraux, rattachés au centre André-Chastel, en mission dans l'édifice ? Pour trouver le bon escalier ou le bon ascenseur, il faut être guidé. Ce jour-là, mon pilote est Jonathan Truillet, directeur adjoint des opérations à l'établissement public chargé de la restauration et de la conservation de Notre-Dame de Paris.

Juchés sur les échafaudages, hors de notre vue, les deux spécialistes des vitraux examinent de près l'une des trois grandes roses de Notre-Dame, ces vitraux emblématiques de la cathédrale, symboles du monument au même titre que les gargouilles. Le temps des travaux de restauration, des dizaines de chercheurs ont un accès exceptionnel à l'édifice, à ses moindres recoins, une aubaine qu'ils n'auront plus de sitôt. Grâce aux échafaudages érigés partout dans la cathédrale, ils atteignent des endroits habituellement hors de portée. Le chantier, en réalité, offre aux scientifiques l'occasion d'une exploration inespérée.

Un ascenseur permet d'éviter les fatigants escaliers et de se retrouver face aux grandes roses, à une vingtaine de mètres au-dessus du sol. Impressionnantes par leur taille, chacune d'entre elles est un vaste ensemble composite, assemblage de dizaines de panneaux et de médaillons datant de plusieurs époques. Ailleurs dans l'édifice, les équipes de compagnons achèvent la pose des énormes cintres en bois sous les voûtes endommagées. Les coups de marteaux, échos sonores du chantier, rythment la visite.

« Nous venons depuis le mois de mai, une à deux fois par semaine », explique l'historienne d'art Élisabeth Pillet, conservatrice du patrimoine. Elle est vêtue de la combinaison blanche de rigueur et porte un casque qui la ferait presque ressembler à un agent de la police scientifique d'une série télévisée. Pour entrer sur le chantier, le protocole mis en place depuis l'été 2019 est extrêmement strict, et s'impose à chacun. Il faut se dévêtir, enfiler des effets fournis par l'établissement public, porter des bottes, se doucher à la sortie. C'est fastidieux, chronophage. Mais indispensable. À la suite de l'incendie et de la destruction des toitures en plomb, la pollution est particulièrement importante. Bon an, mal an, les chercheurs se plient aux lourdes mesures de sécurité. Malgré les propositions arrivées du monde entier, ce sont des équipes françaises qui ont en charge les études scientifiques. Elles ouvrent de nombreuses perspectives pour affiner la connaissance de la cathédrale, notamment les étapes complexes de sa construction.

Un chantier scientifique

« Les recherches actuelles sur les vitraux ont lieu dans le cadre du chantier scientifique, explique Jonathan Truillet. L'opération mobilise une centaine de chercheurs. Ce chantier scientifique nourrit à la fois le projet de restauration et enrichit les connaissances historiques. » Neuf groupes ont été constitués et travaillent sur des sujets thématiques : le bois, la pierre, les vitraux, l'acoustique, etc. Pour la reconstruction, les architectes s'appuient, eux aussi, sur certaines de ces études. Des spécialistes de la pierre ont ainsi examiné les voûtes endommagées et émis des avis sur le choix des matériaux à utiliser.

D'abord stockés sur le parvis, les tonnes de vestiges de l'incendie, comme les bois brûlés, ont été évacués et entreposés dans le Val-d'Oise. Pour les chercheurs, ils représentent un matériau archéologique et, à ce titre, sont classés comme objets historiques. Par crainte des vols, le lieu de stockage, à la demande de l'établissement public, est maintenu secret. Ici ou là, il y a bien eu quelques fuites malencontreuses. Mais visiblement sans conséquence. En réalité, son accès est interdit aux journalistes. Ceux qui ont pu le visiter décrivent de vastes entrepôts, partagés avec d'autres établissements, notamment la RATP. Ce qui donne lieu à un voisinage quelque peu surréaliste. « J'y ai vu des dizaines et des dizaines d'escaliers roulants », confie, un peu amusé, un spécialiste du patrimoine. À l'issue des travaux de restauration et des études scientifiques, des questions vont se poser. « Il va falloir trier », explique Jean-Michel Guilment, chargé d'opérations à l'établissement public. Que garder parmi ces « objets historiques » et ces vestiges archéologiques ? Que détruire ?

À l'été 2021, Jean-Yves Hunot, spécialiste des charpentes médiévales, et Olivier Girardclos, expert en dendrochronologie, la science qui permet la datation d'un arbre grâce à l'étude de ses cernes, ont créé un petit avant-poste de recherches, au centre de stockage du Val-d'Oise. Avec pour mission de travailler sur les vestiges de la souche de la flèche. Les travaux de l'archéologue et du dendrochronologue donnent de précieuses indications à l'équipe de Philippe Villeneuve, l'architecte en charge de la reconstruction.

À Notre-Dame, Élisabeth Pillet et Michel Hérold, le visage recouvert d'un masque, étudient ce jour-là la rose méridionale, la plus remaniée depuis le XIIIe siècle. D'une dimension de 12,90 mètres, elle comporte 91 panneaux. Chacun est à hauteur des yeux ; un face-à-face inédit qui émerveille. Pillet et Hérold procèdent à ce que les chercheurs appellent une critique d'authenticité, c'est-à-dire la datation la plus fiable et la plus précise possible des dizaines et dizaines d'éléments qui composent la rose, détaillant chacun d'entre eux. « C'est un travail fastidieux. Mais un simple relevé par drone n'aurait pas suffi. Rien ne remplace l'expérience concrète du regard », note Jonathan Truillet.

Historiquement, la rose sud est la dernière édifiée au Moyen Âge, vers 1260. Celle de la façade ouest, la rose occidentale consacrée à la Vierge Marie (« Notre Dame », dans le langage des troubadours), a été mise en place une quarantaine d'années auparavant et celle au bras nord du transept date, d'après les historiens, de 1250. La conception originale de la rose sud, au XIIIe siècle, donc, est due à Jean de Chelles et Pierre de Montreuil, deux grands maîtres d'œuvre qui se sont succédé sur le chantier de Notre-Dame.

Un amas de poussières

Devant les vitraux, Michel Hérold impressionne par son assurance. D'un coup d'œil, il évalue la qualité d'une couleur, le dessin d'un visage. Démontés pendant la Seconde Guerre mondiale pour être mis à l'abri, les vitraux ont été réinstallés dans la cathédrale en 1946. Treize ans plus tard, l'historien d'art Jean Lafond s'était livré à une première critique d'authenticité. « Il avait étudié l'ensemble depuis le sol, à la jumelle, raconte Michel Hérold. Notre travail est de vérifier un à un les éléments pour les dater. » En 2021, les conditions pour effectuer ce travail sont évidemment exceptionnelles.

Munis d'une sorte de petit néon portatif, Élisabeth Pillet et Michel Hérold examinent attentivement le style, le pigment des couleurs, les minuscules stries blanches qui affectent le verre, autant d'indices qui permettent d'analyser chaque élément de ce patchwork coloré. « C'est bon, bon, bon », lâche, à intervalles réguliers, Michel Hérold. « C'est vrai, nous avons un langage un peu sommaire », ironise-t-il. Le « bon » prononcé par le chercheur correspond à l'assurance d'avoir affaire à un élément médiéval. Alix, la stagiaire de l'équipe, note scrupuleusement par un code couleur la datation de chacun des éléments sur un graphique. Les deux chercheurs montrent au visiteur, à l'aide de leur petit néon, l'amas de poussières sur l'armature en pierre des vitraux, le remplage en terme technique. Elles se sont déposées là depuis le remontage de l'après-guerre. Se sont depuis ajoutées celles de l'incendie du 15 avril 2019. Un travail d'aspiration est prévu, très délicat à opérer pour ne pas fragiliser les verrières.

Pour Élisabeth Pillet et Michel Hérold, l'essentiel est de faire le tri entre ce qui relève de l'époque médiévale et les ajouts très nombreux, au XIXe siècle, principalement ceux de Viollet-le-Duc. Les spécialistes ont passé une centaine d'heures à examiner, *in situ*, les trois roses. Viollet-le-Duc a démonté entièrement la rose sud, puis l'a remontée en 1862. Considérant notamment qu'elle n'était pas correctement centrée, l'architecte l'a fait pivoter de 15 degrés et a épaissi la structure du remplage. Le maître verrier Alfred Gérente, l'un de ceux avec lesquels l'architecte avait l'habitude de collaborer, a restauré la rose sud entre 1859 et 1861. En mauvais état, celle-ci avait déjà été remaniée, au siècle précédent, par l'architecte Germain Boffrand. D'après les historiens, celui-ci s'était fondé sur le modèle médiéval, sans modifier la structure. Ils s'appuient pour accréditer leur hypothèse sur une photo d'Henri Le Secq datant de 1852, antérieure aux modifications de Viollet-le-Duc.

Une intervention discutable

Les interventions de Viollet-le-Duc, vénéré comme un maître dans les milieux du patrimoine, ne font pas toujours l'unanimité. Commentant sa restauration de la rose sud, l'historienne de l'art Karen Boulanger, qui a elle-même participé à la critique d'authenticité à Notre-Dame en 2020-2021, fait preuve d'une rare franchise[1] : « Pardon, je dois le dire, c'est sans doute l'un des aspects les plus discutables de son intervention sur le monument. » Elle détaille les opérations considérées comme intempestives. « Toute la maçonnerie a été refaite ; ce qui a modifié l'allure générale des vitraux », pointe-t-elle. Le verdict de Karen Boulanger est sans appel : Viollet-le-Duc, en fait, serait coupable de ne pas avoir respecté le legs des bâtisseurs du Moyen Âge. « Le dessin de l'ouverture a été altéré en périphérie sans aucune autre raison autre qu'esthétique », décrit-elle.

1. Colloque « Naissance et renaissance d'une cathédrale. Notre-Dame de Paris sous l'œil des scientifiques », du 22 au 24 avril 2024 à la Cité de l'architecture et du patrimoine, Paris.

La critique est sévère. Elle a le mérite de pointer ce qui pourrait être contestable dans la grande restauration menée au XIXe siècle, de poser un débat escamoté par les défenseurs du patrimoine.

À Notre-Dame, c'est vrai, les vitraux ont eu une vie mouvementée. Hormis les trois grandes roses, ceux de l'époque médiévale ont disparu, démontés au XVIIIe siècle, qui n'a pas de goût, c'est le moins que l'on puisse dire, pour le Moyen Âge. Ils sont alors remplacés par des vitreries claires. Chez lui, au XIXe siècle, dans la cathédrale, Viollet-le-Duc, à son tour, remanie l'ensemble, installant dans les chapelles du chœur des vitraux aux motifs médiévaux, recréés selon son imagination. Que l'on apprécie ou pas… Faut-il sanctuariser la cathédrale, repensée à travers la vision de Viollet-le-Duc ? C'est la position défendue par les adversaires de la mise en place de vitraux contemporains, une vieille querelle ressuscitée en 2024.

Des compositions originales des trois roses, que reste-t-il ? La critique d'authenticité permet d'y voir plus clair. Selon Karen Boulanger, la rose sud est celle qui a été le plus remaniée. Il ne subsiste que 51 panneaux d'origine sur les 91 qui la composent. Même si la structure de pierre a été remaniée, la rose nord est celle qui conserve le plus d'éléments originaux. Au fil des transformations et des ajouts, ces ensembles de vitraux ont *de facto* perdu leur cohérence iconographique. Originellement, la rose sud était centrée sur l'Ancien Testament. Telle qu'elle a été pensée au XIIIe siècle, Notre-Dame, prise dans sa totalité, racontait l'histoire du Salut, selon la conception du christianisme. Les trois roses entraient en résonance avec ce récit global, en symphonie notamment avec la clôture du chœur et le jubé. Est-ce encore lisible au XXIe siècle ? La lecture, selon les spécialistes, est désormais fragmentaire, doit se faire par strates.

Ces connaissances demandent à être approfondies. La critique d'authenticité menée en 2020-2021 sera complétée à l'occasion de la restauration, en atelier, des trois roses dans quelques années. L'opération était en effet difficile à mener pendant les travaux, principalement à cause du manque de disponibilité des restaurateurs de vitraux, déjà surchargés. Ceux-ci avaient déjà à gérer les baies hautes, enlevées immédiatement après l'incendie, car elles risquaient d'être abîmées pendant la restauration du monument.

Guidée par son œil expert, Élisabeth Pillet attire l'attention sur un magnifique médaillon représentant la fuite en Égypte. Joseph, Marie et Jésus échappent, en s'exilant, au massacre des premiers-nés exigé par le roi Hérode. Ailleurs, c'est un ensemble qui retracerait la vie de l'évangéliste Matthieu. Pour Michel Hérold et Élisabeth Pillet, ces éléments datent du XIIe siècle, c'est-à-dire qu'ils seraient antérieurs à la construction de la cathédrale. Que viennent-ils faire alors dans Notre-Dame ? « Ce sont probablement des réemplois de l'édifice précédent, mais nous ne savons pas à quelle époque ils ont été intégrés à la rose sud », avance Élisabeth Pillet. Ce n'est, bien sûr, qu'une hypothèse. Fragiles, les vitraux ont eu besoin, à certaines époques, d'être refaits ou complétés. En dessous d'un médaillon, le maître verrier Alfred Gérente a signé son œuvre. *In situ*, les yeux plantés dans les vitraux, la comparaison avec ses prédécesseurs ne l'avantage guère.

Le bric-à-brac de Notre-Dame

À l'entrée de la salle du Trésor, une affichette jaune prévient : « Danger plomb. » Dans cette pièce, l'une de celles qui constituent l'immense sacristie de Notre-Dame de Paris, personne n'entre, à moins d'être équipé d'un masque APR, c'est-à-dire à protection respiratoire. La porte ouverte laisse entrevoir un bric-à-brac intrigant de plusieurs centaines d'objets : des chandeliers, des tableaux, des statues, des reliquaires, des vêtements liturgiques. Le soir de l'incendie, les éléments les plus précieux du mobilier de la cathédrale, selon une liste préétablie avec les pompiers, ont été évacués.

Mais, à l'été 2021, il en reste des centaines, entreposés pour certains dans la salle du Trésor de la sacristie. Sur une petite table installée à l'entrée, Amélie Strack, conservatrice et restauratrice de biens culturels, consulte l'inventaire. 1 700 objets soigneusement répertoriés constituent officiellement le patrimoine de Notre-Dame de Paris. À quelques pas, Florian Routier, son collègue de l'entreprise SOCRA, spécialisée dans la conservation et la restauration d'œuvres d'art – qui, dans ses ateliers de Périgueux, a restauré les douze statues de la flèche –,

aspire, à genoux, la poussière de plomb qui s'est abondamment déposée sur un chandelier. Comme sur la plupart des objets qui se situaient dans le chœur de la cathédrale…
Amélie Strack vérifie ensuite que le chandelier, s'il porte un numéro, est bien répertorié dans l'inventaire. « Si ce n'est pas le cas, nous prévenons le régisseur de la cathédrale et nous créons une fiche », explique-t-elle. Il n'est pas rare qu'un objet ne soit pas répertorié. Les générations qui se sont succédé ont empilé du mobilier, de l'orfèvrerie, des calices, qui, démodés, n'étaient plus utilisés par le clergé, des livres liturgiques. « Nous n'avions pas de panorama global de cet ensemble d'objets, souligne le directeur adjoint des opérations à l'établissement public chargé de la restauration du monument, Jonathan Truillet. L'opération que nous menons va permettre d'y remédier. »
En empruntant un étroit escalier en pierre, on gagne les tribunes de la cathédrale. Collées à celles-ci, les arrière-tribunes servaient, avant l'incendie, de lieux de stockage, comme une sorte de grenier. Là, le grand ménage est presque achevé. Dans le coin d'une arrière-tribune, une dizaine de portes en bois sont entassées. La conservatrice générale des monuments historiques, Marie-Hélène Didier, viendra les examiner pour déterminer si elles présentent un intérêt patrimonial ou historique. Le vaste ménage et l'inventaire des objets en cours vont permettre, comme dans un déménagement, de trier ce qui est à conserver ou non. Ce qui n'est pas rien. Dans l'une des travées, on croise une poignée de grandes

sculptures. L'une d'entre elles porte des traces de brûlure, stigmates de l'incendie, car la bâche qui l'enveloppait a brûlé ce soir-là.
Chacun de ces objets raconte un peu de l'histoire de Notre-Dame, petite ou grande. Dans le dépôt lapidaire, on découvre des fragments d'ornements architecturaux, des bouts de sculptures, un homard en pierre ou une petite chimère – que l'on a d'abord prise pour un chien. L'équipe s'arrête pour détailler le buste d'un ecclésiastique. Tous ceux-là n'ont pas encore été répertoriés, introuvables dans l'inventaire. Le reste a déjà été mis en caisse. Après le tri, l'ensemble partira dans les entrepôts, dans le Val-d'Oise.

La bataille des vitraux, querelle des anciens et des modernes

Tandis qu'Emmanuel Macron achève sa visite du chantier de Notre-Dame, Didier Rykner, l'impétueux fondateur de *La Tribune de l'art*, fulmine déjà sur le plateau d'une chaîne d'information en continu. Il appelle, ce 8 décembre 2023, au barrage contre ce qu'il appelle le « vandalisme de l'État », l'installation de vitraux contemporains dans la cathédrale, promise, au même instant, par le président de la République. Une manière de marquer, selon Emmanuel Macron, l'empreinte du XXIe siècle.
Il est prévu de confier la réalisation de ces nouveaux vitraux à un grand artiste contemporain. Quelques noms circulent, tels que ceux des peintres Hervé

Di Rosa ou Yan Pei-Ming. À l'été 2024, ils étaient encore six en compétition. Le choix de l'artiste devait être acté juste avant la réouverture de Notre-Dame. Ces verrières figuratives remplaceront six grandes baies au motif géométrique de chapelles des bas-côtés sud, conçues par Eugène Viollet-le-Duc et réalisées au XIXe siècle par le maître verrier Alfred Gérente.

Les opposants se mobilisent ; une pétition rafle 100 000 signatures en quelques jours, un petit exploit. « Je l'ai remise à Philippe Bélaval [le conseiller culture de l'Élysée, NdA]. C'était surtout symbolique », raconte Rykner. Qui manie assez habilement l'ironie : « La marque du XXIe siècle dans la cathédrale ? C'est l'incendie qui a eu lieu le 15 avril 2019, une catastrophe dont l'État est responsable ! » En juillet 2024, la Commission nationale du patrimoine et de l'architecture (CNPA) vient à leur secours, exprimant son opposition à l'opération. De son point de vue, les baies, classées monuments historiques, ne peuvent pas être démontées. Mais l'avis de la CNPA est seulement consultatif. Et ne stoppe pas l'opération. Ses promoteurs veulent qu'on juge sur pièces, c'est-à-dire au regard du projet présenté par l'artiste.

À Notre-Dame, la bataille pour des vitraux contemporains n'est pas nouvelle. Un programme de remplacement de ces mêmes baies de Viollet-le-Duc avait déjà été envisagé dans les années 1930. Le projet s'était même concrétisé, avant qu'une campagne virulente n'y mette un terme. À l'été 2024, ces œuvres des maîtres verriers les plus prestigieux de l'époque ont été exposées à la Cité du vitrail à Troyes (Aube). Puis, dans les années 1950, le peintre

verrier Jacques Le Chevallier a réalisé quelques vitraux abstraits, plutôt réussis, installés dans des baies hautes de la cathédrale.
Ailleurs, il y a eu aussi des polémiques. L'affaire des vitraux de Pierre Soulages à l'abbatiale de Conques (Aveyron) est un exemple emblématique de ce type de querelle. Le peintre avait choisi, à la fin des années 1980, ce chef-d'œuvre de l'architecture médiévale pour se lancer dans la difficile aventure du vitrail. Un attachement singulier le liait à Conques. « Lorsque j'ai eu quatorze ans, racontait-il, c'est devant l'abbatiale que j'ai décidé que seul l'art m'intéressait dans la vie [...]. Conques est le lieu de mes débuts artistiques. » Quand naît le projet, le peintre est déjà au faîte de sa gloire. Soulages démarre une longue quête, celle de trouver une texture de verre particulière pour réfléchir la lumière. Les vitraux du peintre à Conques sont désormais considérés comme un chef-d'œuvre. Pour faire de la place à Soulages, il avait pourtant fallu démonter des vitraux mis en place dans les années 1940, œuvres de Francis Chigot, suscitant l'hostilité de la population locale et de quelques autorités.
Chaque siècle marque son empreinte. Dans l'après-guerre, des vitraux contemporains ont été réalisés pour des lieux de culte qui avaient subi des dommages à la suite des bombardements. Parmi les opérations les plus réussies, il y a ceux de Marc Chagall à la cathédrale de Metz. Chefs-d'œuvre de couleur et d'inventivité, ils ne blessent pas le monument gothique. Le défi à Notre-Dame est de trouver des talents à la hauteur de Marc Chagall et de Pierre Soulages !

Des chimères et des anges

(7 décembre 2022)

Soudain, Philippe Villeneuve marque un temps d'arrêt, s'immobilise au milieu de la rue. Les yeux levés vers un ciel bleu d'hiver, il désigne de la main les grues qui s'affairent au-dessus de Notre-Dame de Paris. « C'est beau, non ? » lâche l'architecte en chef des monuments historiques qui dirige l'immense chantier de la cathédrale. Légères comme des oiseaux, les grues font partie désormais du ciel de Paris. Au-dessus de la capitale, elles dessinent des lignes graphiques et graciles. Le chantier se prépare à une phase importante. La construction de la nouvelle flèche, copie de celle érigée au XIXe siècle par Eugène Viollet-le-Duc, va bientôt démarrer. Même si certains le regrettent, la restauration du monument se fait à l'identique, sans audace intempestive, un choix qui se veut consensuel. En tous les cas, il ravit l'architecte. Même s'il manque parfois de flair politique, d'entregent et de rondeur, Villeneuve, grand admirateur de Viollet-le-Duc, a su, dans cette affaire, mener sa barque et imposer discrètement ses choix. Amoureux et fin connaisseur de la cathédrale, il voue une passion à la flèche bâtie par son prédécesseur.

Quand on le croise ce jour-là, Villeneuve rentre de l'Assemblée nationale. Avec le général Jean-Louis Georgelin, l'autre patron du chantier, il a planché devant un groupe de travail d'une vingtaine de députés de la commission des affaires culturelles. Tout au long des cinq ans des travaux, Notre-Dame de Paris est resté un dossier à haute intensité politique. Le duo entre l'architecte et le général est maintenant rodé. Villeneuve et Georgelin, en chœur, ont expliqué combien ce chantier était exemplaire et promis aux parlementaires qu'ils le leur feraient visiter. Même les élus de la République ont, semble-t-il, besoin d'insister pour se faire ouvrir les portes de Notre-Dame.

Aux députés, le général Georgelin assure ce jour-là que la cathédrale est « en train de renaître », et qu'elle rouvrira bien en 2024. Mais non pas pour les Jeux olympiques. On l'a cru un moment tant ce délai de cinq ans imposé par le président de la République demeure difficile à comprendre. « Certes, il faut que Paris se présente sous son plus beau jour à l'occasion de cet événement, mais il n'a jamais été question de faire coïncider la réouverture de Notre-Dame avec les Jeux olympiques », tranche le militaire, interrogé par le quotidien *Libération*. On insiste un peu, on le réinterroge. Mais le général est catégorique. La question reste entière : qui donc a soufflé à Emmanuel Macron ce fameux délai de cinq ans qui met la pression sur chacun ? Et pourquoi ? Est-ce l'une de ses conseillères, comme l'affirment quelques personnes, sur le parvis le soir même de l'incendie ?

Des passions incandescentes

En cette fin d'année, Philippe Villeneuve, qui aime présider généreusement, tel un patriarche, de grandes tablées, a plutôt l'esprit léger, soulagé que « sa » cathédrale soit hors de danger. Parfois, son moral flanche. L'homme est connu pour être un grand sensible, aux humeurs qui peuvent être excessives. Le chantier, c'est vrai, met chacun à fleur de peau et pousse les passions à incandescence. Chez Villeneuve rôde encore la culpabilité de ne pas avoir pu protéger Notre-Dame. Vaisseau de pierre blessé, amarré à la proue de l'île de la Cité, la cathédrale a, pour le moment, des allures de dame de fer, bardée de centaines de tonnes d'échaudages, à l'extérieur comme à l'intérieur. Les structures d'acier, qui ont intégré, elles aussi, le paysage de Paris, l'enveloppent d'une sorte de coque de protection. Il faut une fois encore lever la tête vers le ciel et embrasser d'un œil attentif le monument pour en prendre la mesure, presque la beauté.

Les échafaudages sont des voies de circulation du chantier pour les 300 personnes qui y travaillent, à la fin de cette année 2022. À la pointe orientale, ils dessinent des chemins de ronde qui serpentent autour du chevet. À plus d'une quarantaine de mètres au-dessus du sol, la traversée est vertigineuse. Pour s'assurer un peu, on plaque sa main contre la pierre, on évite de regarder le vide. Soigneusement guidé, on arrive à une trappe. Les pieds dans des bottes de chantier, il faut descendre maladroitement (et un peu anxieusement) une échelle plutôt raide. La déambulation reprend, une fois encore, en plein ciel.

Pour entrer à l'intérieur de la cathédrale, il faut descendre quelques marches de pierre. Notre-Dame est un monde inconnu où l'on met fictivement ses pas dans ceux des personnages de Victor Hugo, Quasimodo et Claude Frollo, qui hantent toujours les lieux. Le sonneur de cloche, le difforme, le bossu, est devenu une célébrité mondiale grâce au cinéma et à Walt Disney. Tel le Golem, il a depuis longtemps échappé à son créateur. Pour les générations les plus âgées, il a pris définitivement les traits d'Anthony Quinn dans le film de Jean Delannoy, *Notre-Dame de Paris*. Sur le chantier, l'une des salles de réunion, comme une sorte de talisman, porte son nom.

Au bout de cette pérégrination, on arrive à l'extrados, c'est-à-dire au-dessus de la voûte en pierre, au bras sud du transept. « Nous sommes exactement en dessous de l'emplacement de la charpente qui a brûlé le soir de l'incendie. Jusqu'à sa reconstruction, celle-ci a été remplacée par un plancher en bois », précise Arnaud Morançais, chef de chantier de l'entreprise Lefèvre. Lors de l'incendie, une partie de la voûte, à cet endroit, s'est effondrée, défoncée par la chute de la charpente. « Il y avait un grand trou. Nous avons refermé la voûte en reposant des voûtains [des éléments en pierre, NdA] », poursuit-il. Comme il est de tradition, c'est l'architecte Philippe Villeneuve, très ému, qui a posé la dernière pierre pour refermer la voûte. Tamsaout Boussad, le chef d'équipe des maçons, achève les finitions de la nouvelle chape qui a été coulée afin de consolider les voûtes. Bientôt, le même chantier va démarrer sur celles de la nef. Le maçon fait part de sa fierté d'être là : « Tout le monde rêve d'être là, de travailler à Notre-Dame. »

Une coulure de plomb sur la main du Christ

Au cœur de la cathédrale, une grande trouée s'ouvre toujours vers le ciel, à la croisée du transept, là où se situait la souche de la flèche. Début décembre, une grue est venue déposer d'impressionnants cintres en bois, ossature nécessaire à la reconstruction des arcs diagonaux de la voûte et de l'oculus. « Toutes les pierres ont déjà été taillées à l'atelier », précise Arnaud Morançais. Les blocs de pierre ont été extraits dans des carrières de l'Oise. La voûte, elle, sera refermée quand la nouvelle flèche aura été reconstruite. Il faut, en effet, que les échafaudages restent en place afin de permettre aux charpentiers et aux couvreurs de travailler. L'articulation entre ces deux opérations, l'édification de la nouvelle flèche et la réfection de la voûte, est l'un des moments les plus techniques de la restauration de Notre-Dame.

L'incendie de 2019 marque désormais l'histoire de la cathédrale. Faut-il en faire mémoire ? Philippe Villeneuve pense que c'est nécessaire. Mais laisse aux générations futures le droit de revenir éventuellement sur ses choix. « Les murs de la cathédrale sont structurellement solides, explique-t-il. Malgré l'incendie, nous n'avons pas eu besoin de les reconstruire, ni de les reprendre, comme je l'avais redouté au départ. » Des stigmates de l'incendie subsistent çà et là. Comme dans la maçonnerie du mur du bras nord du transept, altérée, fendue. « J'ai décidé de figer ce mur, c'est-à-dire de le cristalliser, comme on le fait pour la paroi d'une ruine », explique Villeneuve.

Dans le chœur, une coulure de plomb est tombée lors de l'incendie sur la main du Christ de la *Pietà* de Nicolas Coustou, installée dans la cathédrale au XVIIIe siècle. « Pourquoi est-ce tombé là ? Cela aurait pu tomber par terre, non ? Avec Marie-Hélène Didier, la conservatrice, nous avons décidé de conserver cette coulure de plomb, raconte l'architecte. Ce sera le seul signe visible de l'incendie à l'intérieur du monument. La coulure de plomb sur la main du Christ restera la marque, le symbole de la souffrance de la cathédrale. »

« C'était triste, vide »

À l'intérieur de la cathédrale, la blondeur de la pierre surprend. Elle éblouit, même. Jamais, depuis sa restauration au XIXe siècle, Notre-Dame n'avait été aussi lumineuse. C'est le résultat d'un patient travail de nettoyage. Au cours de l'hiver 2022-2023, Notre-Dame de Paris a droit à un gigantesque ménage de ses murs. L'édifice a été pollué par les poussières de plomb dues à l'incendie, qui se sont ajoutées à celles laissées par les ans. L'ensemble du monument ne contient pas moins de 42 000 m^2 de parements. Après avoir aspiré les murs, les maçons projettent une couche de latex naturel. Puis la retirent afin d'éliminer les dernières impuretés, comme pour un peeling de la peau. Seul sur un échafaudage, un maçon porte un gilet jaune fluo. Un peu perdu dans cette immensité, il refait un à un les joints des murs d'une chapelle du chœur. Le but est d'harmoniser délicatement la couleur de ces joints avec celle de la pierre.

Notre-Dame vit au rythme de plusieurs chantiers. On y croise des échafaudeurs, des maçons, des tailleurs de pierre, des sculpteurs. Dans la chapelle axiale, celle à l'extrémité du chevet et qui abrite en temps ordinaire les reliques les plus précieuses, Marie Parant, restauratrice de peintures murales, examine l'un des murs. Ce sont des décors à la peinture à l'huile que Viollet-le-Duc avait fait réaliser au XIXe siècle. Marie Parant a ses habitudes à Notre-Dame, porte une combinaison bleue et un casque de la même couleur. Sur le chantier de restauration, elle coordonne un groupement de restaurateurs d'œuvres d'art.

Habituellement, ces professionnels aux compétences pointues travaillent individuellement. Vu l'ampleur des travaux, l'établissement public leur a demandé de se regrouper avant de répondre aux appels d'offres. « Quand je suis revenue dans la cathédrale après l'incendie, c'était triste, vide, raconte la restauratrice. J'avais, moi, le souvenir d'un édifice vivant. Avec des visiteurs, des fidèles. » Pour elle aussi, Notre-Dame est un chantier emblématique : « Ce qui est extraordinaire pour nous, c'est que tout est restauré en même temps. Cet environnement crée une dynamique. »

Marie Parant a posé, ici et là, des morceaux de papier transparents sur les peintures. « C'est pour les protéger. Comme cela, elles ne bougeront plus », dit-elle. Par endroits, il y a effectivement des soulèvements, comme si cela commençait à s'écailler. Une autre restauratrice s'affaire à l'étage supérieur. Les mains recouvertes de gants bleus, à l'aide de seringues, telle une infirmière, elle injecte un adhésif aux endroits où la peinture se soulève. Restauratrice de sculptures, Nathalie Pruha s'affaire auprès d'une statue en plâtre du XIXe, un Christ découvrant amplement son cœur rouge. Ses cheveux blonds dépassent du casque réglementaire. « Je suis en train d'enlever le vernis, qui s'est oxydé, explique-t-elle. La couleur a tourné ; elle est devenue très marron. »

Le regard d'une mère

Chef-d'œuvre de la sculpture médiévale, la clôture du chœur de Notre-Dame, qui date de la fin du XIIIe et du début du XIVe siècle, est dissimulée sous d'amples bâches blanches. Il faut emprunter une petite échelle, peu commode elle aussi, afin de rejoindre les restauratrices. Leur tâche : rendre son éclat à la pierre polychrome. « La poussière s'était mise partout ; c'est pire encore que pour la peinture murale. On ne distinguait quasiment plus la peinture polychrome », explique Jean-Michel Guilment, chef de projet à l'établissement public. « Nous sommes là depuis début juin. C'est vraiment un privilège », s'enthousiasme Maud Pouliot. Après avoir refixé quelques soulèvements de peinture, les restauratrices nettoient précautionneusement à l'eau et avec un solvant très dilué la pierre polychrome.

Remarquable, l'ensemble, conçu comme une sorte de catéchisme pour les fidèles au Moyen Âge, déroule le cycle de la vie du Christ, devenu illisible sous sa poussière. Avant l'incendie, les visiteurs ne le remarquaient guère. Ce qui est globalement le cas pour l'ensemble des œuvres du monument tant il était plongé dans l'obscurité. La clôture nord représente des scènes de la vie de Jésus. Au sud sont représentées les apparitions du Christ après sa mort. L'ensemble iconographique s'articulait avec le jubé médiéval, centré sur le cycle de la Passion, qui, lui, a été détruit en 1710.

La sculpture est particulièrement expressive, empreinte d'une réelle intensité dramatique. La scène de la nativité, l'une des plus belles, correspond aux canons de l'iconographie médiévale. Songeuse, la Vierge, appuyant sa tête sur la main droite, est allongée sur une couche ; l'autre main est posée sur son ventre. Laissant percevoir de l'inquiétude, son regard s'oriente vers l'enfant qui vient de naître, emmailloté et couché dans un panier en osier. Lui aussi la regarde. Au-dessus surgissent les têtes du bœuf et de l'âne. Jean-Michel Guilment est lui aussi admiratif. « La clôture du chœur, prédit-il, sera sûrement l'une des grandes redécouvertes lorsque la cathédrale sera à nouveau accessible au public. »

À l'extérieur, de gros blocs de pierre un peu noircis gisent au flanc sud de la cathédrale qui longe la rue du Cloître-Notre-Dame. Éclatés par endroits, ils portent les traces de l'incendie. Les compagnons s'affairent à démonter le pignon nord, l'un des endroits le plus exposés aux flammes. « Un tri va être fait parmi ces blocs, explique Jean-Michel Guilment. Il faut voir si certains peuvent être des modèles intéressants pour les tailleurs de pierre. »

Chacun est numéroté, identifié. Rien ne se perd, même si l'on ne sait pas encore ce que deviendront tous ces éléments. Ce sont des vestiges archéologiques et, à ce titre, ils ne peuvent pas être vendus. Le chantier dispose désormais de 1 000 m^2 d'entrepôts dans le Val-d'Oise pour conserver ce qui a été extrait de la cathédrale après l'incendie. Beaucoup de ces éléments ont été contaminés par les poussières de plomb.

Sur le parvis, sous un barnum, une halle de taille de pierre et de sculptures, confortablement chauffée et ventilée, a été érigée pour permettre aux sculpteurs et tailleurs de pierre d'être au plus près du chantier. À l'intérieur, deux gigantesques chimères, sanglées de cordes et gisant sur le dos, attirent immédiatement l'attention. L'une des deux montre ses griffes. Par endroits, la pierre a rosi sous l'effet du feu. Créations de Viollet-le-Duc, ces deux chimères veillaient sur Paris depuis les terrasses des tours. Après avoir été ganguées de plâtre pour éviter qu'elles ne se disloquent, elles ont été déposées. Abîmées, elles risquaient de tomber. « Elles seront réparées et ensuite on en fera des copies », précise Jean-Michel Guilment. À l'écart, reposant sur sa joue gauche, une tête imposante, bouche ouverte, intrigue. C'est une représentation du juif errant, figure née d'une légende médiévale. Ayant assisté à la crucifixion du Christ, il est condamné à errer sur terre jusqu'à la fin des temps pour faire mémoire de l'événement.

« C'est mon côté mystique »

Coiffée d'une casquette, Fanny Piéplu se concentre sur un modèle en plâtre, la reproduction de la tête d'un ange datant du XVIIIe siècle. Cette « sculpteur » tient fermement à ce qu'on ne féminise pas le terme. Pendant la nuit de l'incendie, la tête de l'ange a chuté de plus d'une trentaine de mètres. Mais elle a été retrouvée quasiment intacte dans les décombres. Les deux ailes qui se déployaient de chaque côté ont, elles, été réduites en miettes. Enfin presque ! Un joli fragment polychrome d'un morceau d'aile est posé auprès du moulage. Ce qui permet de mieux restituer celles qui ont disparu. « On a moulé deux fois la tête de l'ange pour pouvoir modifier la structure et avoir un modèle qui ressemble le plus possible aux originaux », explique Fanny Piéplu. Le moulage a reçu l'aval de Philippe Villeneuve, qui garde l'œil à tout. Les quatre têtes d'anges, nouvellement sculptées, viendront fermer l'oculus zénithal qui fait office de clé de voûte à la croisée du transept.

Dans l'atelier temporaire du parvis, Fanny Piéplu travaille en équipe avec un tailleur de pierre, Olivier Hadirer. Celui-ci prend les mesures très précises de la tête d'ange pour façonner à dimension un bloc de calcaire d'où surgira la nouvelle sculpture, taillée à partir du modèle en plâtre. « C'est une pierre assez dure, relève Fanny Piéplu. Il me faudra une à deux semaines pour la terminer. »

« 2023 verra la réalisation de grandes avancées de la reconstruction », assure, à ce moment-là, le général Jean-Louis Georgelin, très confiant. « Dès janvier, promet-il, les maçons tailleurs de pierre construiront les arcs diagonaux de la voûte. Pour la charpente de la nef et du chœur, la fameuse Forêt, les bois qui auront été taillés en atelier arriveront à l'été pour être progressivement installés dans le second semestre. » À l'hiver 2022-2023, Notre-Dame est en chemin vers sa résurrection.

Pour Philippe Villeneuve, Notre-Dame de Paris, même blessée, reste un monument de symboles. « Après l'incendie, j'étais seul dans la cathédrale, le matin du dimanche de Pâques, évoque-t-il. Et d'un monceau de gravats, j'ai vu émerger, à la croisée du transept, la statue blanche de la *Vierge du pilier* [la statue emblématique de la cathédrale, NdA]. J'ai su, j'ai senti que je ne serais pas seul pour mener cet immense chantier. C'est mon côté mystique. » L'architecte accompagne ces derniers mots d'un immense éclat de rire. Comme pour conjurer le sort.

Reconstruire la flèche

En provenance de Briey, en Lorraine, les camions sont arrivés de nuit à Paris, au début du printemps 2023, transportant un précieux chargement. C'étaient les 1 200 pièces de bois du tabouret de la nouvelle flèche de Notre-Dame. Pesant 40 tonnes et taillées dans les plus beaux chênes des forêts de France, elles constituent son socle. Quelques semaines avant leur arrivée sur le chantier, une quarantaine de charpentiers, les plus chevronnés de la corporation, ont procédé à un montage à blanc du tabouret de la flèche pour s'assurer que tout était en ordre.

Avant sa pose à Notre-Dame, les maçons ont reconstruit les arcs diagonaux et l'oculus de la voûte de la croisée. Les pierres massives de l'oculus sont placées à quelques centimètres du tabouret : ce qui obligeait à les installer afin de procéder à la pose de celui-ci. La voûte, elle, est restée ouverte afin de laisser le passage à l'échafaudage nécessaire à l'édification de la flèche, les arcs diagonaux et l'oculus reposant sur des cintres en bois, posés en décembre. La mise en place du tabouret a été achevée en avril, point de départ symbolique de la reconstruction très attendue de Notre-Dame. Grâce à son assise, qui repose sur les quatre piliers de la croisée du transept, il permet à l'ensemble d'avoir une grande résistance au vent.

La charpente de la flèche (qui fait la jonction entre les deux bras du transept, la nef et le chœur) est un ensemble complexe qui comporte quatre niveaux : le tabouret, la souche, l'étage ajouré et l'aiguille. La souche, qui monte jusqu'au faîtage du grand comble, vient s'appuyer sur le tabouret. Le fût, quant à lui, est la première partie visible de la flèche à l'extérieur. Après la pose du tabouret, il a fallu quelques semaines pour élever à nouveau l'échafaudage. Les charpentiers ont pris le relais pour continuer d'édifier les éléments très complexes de la charpente, les bois étant grutés. Dans la deuxième partie du montage de la flèche, les échafaudeurs et les charpentiers alternaient, les premiers travaillant le matin et les seconds l'après-midi. Le montage de la charpente s'est achevé en décembre 2023. Les couvreurs ont ensuite commencé la pose de la toiture en plomb. La silhouette de la nouvelle flèche de Notre-Dame est enfin apparue en février 2024 dans le ciel de Paris.

Quand Notre-Dame renoue avec son passé :

le jubé médiéval, une découverte majeure

De belles histoires, le chantier de Notre-Dame en a beaucoup vécu. Mais la plus belle, celle qui émerveille par-dessus tout, est celle qu'ont connue l'archéologue Christophe Besnier et son équipe à la fin de l'hiver 2022. Le chercheur, en bon scientifique, est du genre à garder la tête froide, à tempérer son enthousiasme, à rationaliser ses connaissances. Mais là… « C'était une vraie émotion, oui, immense, qui s'imposait. Nous étions extrêmement surpris et fiers. Nous avions conscience que c'était une découverte exceptionnelle, une découverte unique dans la vie d'un archéologue », reconnaît-il, deux ans et demi plus tard. Pendant leurs fouilles à Notre-Dame, son équipe et lui ont exhumé, presque ressuscité, serait-on tenté d'écrire, l'un des chefs-d'œuvre de la cathédrale, son jubé médiéval détruit en 1710 et dont on avait littéralement perdu la trace.

Le 2 février 2022, une équipe de l'Institut national de recherches d'archéologie préventive (Inrap) est à pied d'œuvre dans la cathédrale à la croisée du transept, un lieu stratégique de l'édifice. C'est là où la souche de la flèche s'est effondrée, dans la nuit du 15 au 16 avril 2019. La fouille, selon Christophe Besnier, devait durer « quatre à cinq semaines ». Ce n'est pas la seule opération que les chercheurs de l'Inrap ont menée ; il y en a eu, en tout, une dizaine. Ce quartier de Paris, l'île de la Cité, peuplé depuis deux mille ans, est un immense gisement archéologique. Notre-Dame en constitue, en quelque sorte, l'épicentre. Le sous-sol du monument regorge de secrets, d'énigmes, de richesses, de promesses. Pourrait-on, par exemple, retrouver la trace de la cathédrale romane, dédiée à saint Étienne, l'édifice qui a précédé l'actuel ?

Au début de l'année 2022, les responsables du chantier prévoient de poser une dalle en béton à la croisée du transept. C'est l'une des étapes préparatoires à la reconstruction de la flèche néogothique, érigée au XIXe siècle par Eugène Viollet-le-Duc, partie en fumée dans la soirée du 15 avril 2019. Pour la reconstruire, il faut ériger un échafaudage imposant de 600 tonnes. Il doit passer à travers la trouée de la voûte et culminer à cent mètres de hauteur.

Consultés en amont, le service régional de l'archéologie et sa responsable, Dorothée Chaoui-Derieux, envoient une équipe d'archéologues. Avec pour mission de fouiller sur une surface d'un peu plus de cent mètres carrés et jusqu'à quarante centimètres de profondeur, celle du terrassement du sol prévu pour construire la dalle en béton. « Sans notre intervention, précise Christophe Besnier, nous savions qu'à la croisée du transept, tous les vestiges archéologiques présents à cette profondeur allaient être détruits. »

Un sarcophage à Notre-Dame

Pour l'archéologue, il n'y avait aucune ambiguïté sur le potentiel archéologique de cette zone, aucune incertitude. « Ma seule question, dit-il, était de savoir ce que nous allions pouvoir trouver à une profondeur de quarante centimètres. » Des choses marquantes ? Sans doute pas, d'après ses premiers pronostics. Par endroits, le dallage est explosé. Lors de l'incendie, un claveau de voûte a chuté de plus d'une trentaine de mètres. Sous le pavement, les archéologues découvrent d'abord un radier, posé là pour stabiliser la surface. Le sous-sol de la croisée du transept est, en effet, zébré par un réseau de conduits, des calorifères installés vers 1860 par Eugène Viollet-le-Duc. L'architecte, lors de sa grande restauration, avait doté la cathédrale d'un nouveau système de chauffage.

« Les premiers jours, nous avons d'abord déblayé ces remblais », explique le patron des fouilles, spécialiste lui-même de l'époque médiévale. Contrairement à ce qu'il avait imaginé, son équipe met rapidement au jour un petit trésor, un cercueil en plomb anthropomorphe. La découverte est dévoilée à la mi-mars, lors de la visite à Notre-Dame de la ministre de la Culture, Roselyne Bachelot. L'affaire de l'inconnu de Notre-Dame fait grand bruit dans la presse française, qui évoque la mise au jour, à tort, d'un sarcophage (voir encadré). Ce n'est en réalité qu'un cercueil ! Mais les imaginations commencent à phosphorer, comme si les chercheurs avaient mis la main sur un pharaon égyptien… Le mystère du sarcophage éclipse une découverte bien plus importante.

À Notre-Dame, vers la mi-février, les archéologues vont, en effet, avoir d'autres surprises, de très belles, de celles qui relèvent, cette fois-ci, réellement de l'exceptionnel. Christophe Besnier ne se souvient plus de la date exacte des premières découvertes. Il a oublié aussi à quel moment, lui et son équipe ont eu la certitude qu'il s'agissait bien là des fragments sculptés du jubé, ce chef-d'œuvre de la sculpture du Moyen Âge, qui avait disparu des regards depuis plus de trois cents ans. « Pendant toute la durée des fouilles, c'était une hypothèse, consent le très rigoureux archéologue. Mais, à la fin, oui, c'était une certitude. »

C'est en fouillant un peu plus à l'est de l'endroit où avait été exhumé le petit cercueil en plomb, en se rapprochant du chœur, que les chercheurs débusquent les premiers éléments du jubé médiéval. Ceux-ci surgissent, en fait, dès la dépose du dallage, enfouis à quinze centimètres sous le sol actuel. « À cette profondeur ? Non, je ne m'y attendais pas », reconnaît Christophe Besnier. Pour « purger » le site, c'est-à-dire extraire tous les éléments archéologiques qui s'y trouvent, les chercheurs obtiennent l'autorisation de sonder jusqu'à un mètre. Au fil des semaines, la moisson s'avère exceptionnelle. Hormis l'équipe, seules de très rares personnes peuvent accéder aux fouilles, être les témoins de cette découverte historique.

Un gigantesque puzzle de pierres

L'ancien chargé de communication de la cathédrale, qui a quitté ses fonctions en décembre 2023, André Finot, appartient à ce petit groupe de privilégiés. « J'ai croisé Christophe dans les vestiaires, raconte celui-ci. Il avait pratiquement les larmes aux yeux, me proposant de passer voir les fouilles. Il disait lui-même que c'était impressionnant. » Ce jour-là, André Finot, comme cela arrive régulièrement, fait visiter la cathédrale en restauration à des mécènes du chantier. « Ce que j'ai vu, se souvient-il, c'était une tête qui commençait à émerger. C'était très émouvant. Je pense avoir reconnu la tête du Christ ; elle était un peu abîmée. Le plus extraordinaire, c'était qu'elle était peinte. »

Au vu de la découverte, les fouilles sont prolongées de deux mois malgré le calendrier très serré des travaux. Tandis que l'équipe est décimée par le Covid, Besnier reçoit des renforts, une « task force » qui demeure restreinte, six ou sept personnes. L'espace de fouilles, à la croisée du transept, est, de fait, contraint, coincé et cerné par les immenses échafaudages qui ont envahi Notre-Dame. L'équipe de Christophe Besnier, au fil des semaines, met au jour un nombre impressionnant de fragments sculptés du jubé, 1 035 au total. Des mains, des bustes, des têtes, des pieds, des éléments de croix, des fragments de décor, quelques animaux, certains issus d'un bestiaire fantastique. Un gigantesque puzzle de pierres, en somme. La taille des éléments varie, allant de quelques grammes jusqu'à des centaines de kilos. Le plus gros bloc, un buste, dépasse les 400 kilos.

Mais ce qui est littéralement bluffant, exceptionnel, c'est que pas moins de 700 de ces fragments sont peints. Un trésor inestimable, car la polychromie médiévale a quasiment disparu à Notre-Dame. « Pour en trouver encore, il faut aller chercher dans les tout petits creux des sculptures qui ont été préservées des intempéries, dans les micro-infractuosités », explique Besnier. Ces couleurs enchantent. Il y a beaucoup d'ocres, des lapis-lazuli, dit-on, remarquables. Certains éléments décoratifs comportent des fonds bleu étoilé. Des dorures à la feuille d'or ont été apposées sur des feuillages.

Personne ne s'attendait à retrouver ces fragments du jubé médiéval. Son existence, bien sûr, était connue. Mais cette exhumation est totalement inattendue. Nul ne savait où il avait été enfoui lors de sa destruction. « On pouvait seulement supposer qu'il pouvait se trouver dans cette zone », explique Damien Berné, conservateur en charge des sculptures au musée de Cluny, à Paris. Au XIXe siècle, Eugène Viollet-le-Duc avait exhumé quatre éléments, dont l'un est exposé au musée du Louvre et représente Adam et Ève dans le chaudron de l'enfer. Le restaurateur de Notre-Dame, pourtant prolixe en écriture, n'a pas laissé de notes qui auraient permis de localiser le lieu de sa trouvaille. Huit autres fragments, sans doute aussi retrouvés au XIXe siècle, sont conservés dans les réserves lapidaires de Notre-Dame.

Le Christ, les yeux fermés

Le jubé a été mis en place vers 1220-1230. « C'est l'un des premiers éléments sculptés du monument », souligne l'archéologue. Comme dans toutes les églises, sa fonction était de séparer la nef du chœur, où était célébrée la liturgie par le clergé. Les fidèles, eux, n'avaient pas accès à cet endroit sacré. « Le jubé était cependant central dans le dispositif général de la cathédrale, explique Damien Berné. C'est ce que les fidèles voyaient en premier quand ils entraient dans l'édifice. »

La composition précise du jubé de Notre-Dame, une pièce monumentale, demeure un mystère. De ce mur percé en son centre par une porte, il n'existe aucun dessin, aucune gravure avant sa destruction, lors du grand réaménagement du chœur par l'architecte Robert de Cotte. Son successeur, Eugène Viollet-le-Duc, a bien laissé une reconstitution de sa main. Mais qui ne convainc pas les chercheurs, qui considèrent qu'elle ne correspond pas à la réalité. Que représente le jubé ? Le thème central ne varie guère. À part quelques exceptions, c'est le cycle de la Passion du Christ, sa mort et sa résurrection, qui est traditionnellement raconté ; ce que confirme, à Notre-Dame, le millier de fragments.

Que le jubé de Notre-Dame ait été détruit n'est pas, en soi, surprenant. Ce n'est pas une exception. À la suite du concile de Trente et de la Contre-Réforme catholique, les usages liturgiques évoluent aux XVIIe et XVIIIe siècles. Ils entraînent la démolition des jubés monumentaux dans la plupart des églises et des cathédrales. « Cela permettait d'ouvrir le chœur au regard des fidèles », précise Damien Berné. D'autres fragments de jubés ont été mis au jour à Lyon, Reims ou Bourges. Prudent, Christophe Besnier ne veut pas évaluer ce qui a été retrouvé à Notre-Dame. 10 % ? 40 % du jubé médiéval ? « Nous sommes plus près de 40 % que de 10 % », consent-il. Quoi qu'il en soit, l'archéologue reste discret sur le contenu de la découverte. Les études, en effet, ne sont qu'à leurs prémices. L'une des coresponsables des fouilles, Hélène Civarelli, a établi, à l'issue de celles-ci, un inventaire des fragments retrouvés. Qui n'est pas communicable. « Certains tueraient pour l'avoir… », plaisante Besnier.

Dans ses bureaux de l'Inrap à La Courneuve (Saine-Saint-Denis), ce dernier fait défiler, à l'été 2024, une série de photos sur l'écran de son ordinateur, donnant un aperçu de cette moisson de merveilles. Sur l'une d'entre elles apparaît un buste sans tête, peint en ocre. L'homme porte un collier de grosses perles autour du cou et un bracelet au poignet, tandis que la main droite tient un sceptre. « Nous avons une grande diversité de personnages », souligne l'archéologue, tels que des prophètes de la Bible. Identifier ces éléments demande un certain soin. Et beaucoup de culture. Parmi les bustes retrouvés figure sans doute Jésus portant sa croix. L'un des joyaux de ce qui a été exhumé est une tête du Christ, les yeux fermés. « Il s'en dégage une sérénité qui est bouleversante », s'émeut le chercheur. La sculpture se révèle de grande qualité. Les visages sont très expressifs, les barbes ondulent et les plis des vêtements sont très soignés. Damien Berné confirme la valeur artistique de la découverte. Au XIIIe siècle, les ateliers de sculpture de Paris sont devenus des références.

Une lourde responsabilité a pesé et pèse encore sur les épaules de l'archéologue. « C'était une adrénaline de dingue, dit-il à propos des fouilles. Pour être franc, c'était très mélangé comme sentiment. Il fallait faire les choses avec méthode, comme pour tous les autres chantiers de fouilles, appliquer les protocoles en vigueur pour préserver la science, préserver l'objet dans son intégrité, mais aussi la compréhension de son enfouissement. Pour cela, il ne fallait pas céder à l'urgence, s'assurer que tout soit prélevé et stocké dans de bonnes conditions. » Les manipulations ont été particulièrement délicates pour ce qui est des fragments peints. N'adhérant pas à la pierre, la polychromie est très fragile, obligeant à une extrême prudence.

Pour extraire de la cathédrale les plus gros blocs exhumés, des bustes principalement, il a fallu employer les grands moyens. L'une des grues du chantier a été mobilisée. En passant par la trouée de la voûte, elle a soulevé, l'un après l'autre, chacun des blocs solidement harnachés « Nous les avons vus s'envoler dans les airs », commente Besnier. Comme dans un film… Le millier de fragments sculptés du jubé médiéval est désormais entreposé dans le Val-d'Oise, là où les vestiges archéologiques de Notre-Dame sont stockés. Un groupe d'une dizaine de restaurateurs travaille à fixer la polychromie, à ôter les morceaux de plâtre ou de mortier qui adhérent aux fragments. Ce long travail, « une mise en état avant études », selon la terminologie des archéologues, doit durer entre un an et demi et deux ans.

Repousser l'ouverture à Pâques 2025 ?

Le trésor demeure globalement inaccessible. Peu de photos circulent. Une seule présentation à la presse a eu lieu, en juin 2024, lors de la visite de la ministre de la Culture, Rachida Dati, dans les entrepôts du Val-d'Oise. Un peu avant la réouverture de la cathédrale, le musée de Cluny, lors d'une exposition consacrée au décor sculpté de Notre-Dame, présente enfin trente éléments sculptés au public. Le reste est gardé jalousement par les chercheurs. Ce millier de fragments est pour eux une manne inestimable.

Christophe Besnier a constitué un groupe de recherche. Les pistes de travail sont nombreuses. Par qui et comment le jubé a-t-il été sculpté ? Qui l'a commandé, dessiné ? Avec quelles pierres a-t-il été édifié ? A-t-il innové en matière d'iconographie religieuse ? Comment le jubé a-t-il été détruit ? Comment a-t-il été enfoui ? Ce dernier point est l'un de ceux qui intriguent singulièrement les archéologues. Les observations menées pendant les fouilles ont montré que l'ensevelissement avait été mené avec soin, « avec respect », note même l'archéologue. Comme s'il s'agissait quasiment d'un être humain. Cette attention portée à des images de pierre il y a trois cents ans rend en elle-même l'exhumation particulièrement bouleversante.

Diplomate et prudent, l'archéologue ne dit rien des tensions qui ont pourtant déchiré le chantier. Au printemps 2022, la découverte du jubé médiéval perturbe la marche très serrée des travaux. Sous le sol de la cathédrale dorment les autres fragments de ce chef-d'œuvre. Très probablement, quelque part sous le chœur, l'un des endroits stratégiques du monument, là où se tiennent les liturgies. Tout au long des travaux, chacun, à Notre-Dame, a gardé un œil anxieux sur le calendrier. Le délai de cinq ans, imposé par Emmanuel Macron, a plané au-dessus des têtes comme une menace permanente. L'histoire de l'art et l'archéologie, la culture, la beauté ont-elles été les victimes collatérales de ce diktat politique ? Aurait-il fallu retarder de quelques mois la réouverture de Notre-Dame, la repousser jusqu'à Pâques 2025, pour tenter d'exhumer les autres fragments du jubé médiéval ? Cette histoire-là est encore pleine de mystères. Le puzzle de pierres ne sera pas reconstitué. Pourtant, l'exhumation de ce chef-d'œuvre médiéval est un symbole puissant de la renaissance de la cathédrale. Pour ne pas retarder les travaux, cette découverte majeure a été peu ou prou escamotée. Besnier, lui, se console comme il peut. « Nous sommes sûrs que ce qui reste dans la cathédrale a été préservé », dit-il. Mais dans combien de temps d'autres chercheurs se lanceront-ils à la recherche des fragments manquants ?

Quelques jours avant la fin des fouilles, en avril 2022, les archéologues ont une dernière surprise. Comme si le passé les retenait encore dans la cathédrale. Sur place, Christophe Besnier aperçoit un petit trou et, grâce à la lampe de son portable, découvre un autre cercueil en plomb. Il est dégagé *in extremis*. L'homme inhumé est, cette fois-ci, vite identifié grâce à une inscription sur le cercueil et à trois pièces frappées à son effigie. Il s'agit du chanoine Antoine de La Porte, mort en 1710, à l'âge de quatre-vingt-trois ans, l'année même de la destruction du jubé. Surnommé le « chanoine jubilé », c'était un riche prélat. Ce généreux donateur a financé le réaménagement du chœur de Notre-Dame. Et provoqué, par ricochet, la destruction du jubé. Était-ce intentionnel ? Nul ne le sait. En tous les cas, à Notre-Dame, l'un était enseveli tout contre l'autre.

L'inconnu de Notre-Dame,
le poète Joachim du Bellay ?

Casque sur la tête et portant une combinaison bleue de chantier, le recteur de Notre-Dame de Paris, Mgr Patrick Chauvet, est présent, ce 12 avril 2022, lorsque le cercueil en plomb est sorti du monument. Le prélat prononce une rapide prière et bénit le corps de l'inconnu de Notre-Dame. La sépulture a été découverte à la croisée du transept, deux mois plus tôt. Les chercheurs, ce jour-là, ignorent à qui ils ont affaire. Mais vu le lieu de sa sépulture et le rite funéraire qui a entouré son enfouissement, il s'agit certainement d'un personnage important : un dignitaire religieux de haut rang ou une personnalité issue de la noblesse. Être enterré à proximité du chœur d'une cathédrale était l'apanage des grands, un privilège réservé à une élite.

Juste après sa découverte, les spécialistes du laboratoire de recherche des monuments historiques passent une petite caméra endoscopique dans le cercueil en plomb de forme anthropomorphe. Les premières explorations révèlent un squelette en bon état et des restes de cheveux. Des débris de végétaux sont également découverts, laissant supposer que l'inconnu de Notre-Dame portait une couronne de fleurs au moment de son enfouissement.

Après son extraction, le cercueil est transféré à l'institut médico-légal de Toulouse, spécialisé dans ce type de recherches. Une autopsie est pratiquée, les chercheurs dûment protégés par des combinaisons spéciales pour éviter d'éventuelles contaminations. Quelques mystères ont été levés. L'inconnu de Notre-Dame était un homme, âgé de vingt à quarante ans, et devait monter assidûment à cheval, d'après l'état de son squelette. Ce qui oriente les recherches plutôt vers quelqu'un appartenant à la noblesse. Il est très probable que la dépouille ait été embaumée, hypothèse formulée car son crâne semble avoir été ouvert.

L'identité du dignitaire est demeurée un mystère jusqu'à septembre 2024. Lors d'une conférence de presse, l'Inrap avance alors l'hypothèse que le corps retrouvé est celui du poète de la Renaissance Joachim du Bellay, dont on savait qu'il avait été inhumé à Notre-Dame. Plusieurs éléments plaident en faveur de cette hypothèse : l'âge de l'inconnu, le fait qu'il montait à cheval et la trépanation, du Bellay souffrant en effet d'une méningite. Quoi qu'il en soit, il y a encore débat parmi les spécialistes. Quant aux chercheurs, ils peuvent déjà tirer des éléments intéressants de cette découverte, notamment sur les modes de vie et d'alimentation d'une élite parisienne au Moyen Âge. Une centaine de sépultures ont été découvertes pendant les opérations de fouilles préventives dans la cathédrale. Mais très rares sont les cercueils en plomb, réservés à une élite et qui assurent théoriquement une meilleure conservation des corps. « On ne s'en rend plus compte maintenant, car son sol est pavé, mais Notre-Dame, c'était une nécropole, un cimetière », explique l'archéologue Christophe Besnier. Jusqu'à la fin du XVIIIe siècle, les églises étaient des lieux d'inhumation, les cathédrales accueillant, elles, les dépouilles des notables. À notre époque, seuls les archevêques de Paris sont enterrés à Notre-Dame.

À la fin des études scientifiques, il faudra trancher ce qu'on fera des restes de Joachim du Bellay, du chanoine Antoine de La Porte et des autres. Selon la législation française, les restes humains ne sont pas traités, en tant que tels, comme des biens archéologiques. Au moment de leur découverte, le clergé parisien estimait nécessaire qu'ils soient à nouveau inhumés.

Un amarrage de bateaux et un bâtiment carolingien

À Notre-Dame, les campagnes de fouilles qui ont lieu de 2019 à 2024 ont été fructueuses. Jusqu'à présent, le monument et ses abords avaient été peu étudiés par les archéologues, malgré leur richesse potentielle. Une dizaine de missions ont été entreprises, en amont de travaux d'aménagement qui affectaient le sol de la cathédrale et de son environnement proche. Parmi les découvertes marquantes, les archéologues ont retrouvé dans la cave Soufflot, située sous la nef et creusée au XVIIIe siècle, des niveaux d'occupation remontant au haut Empire romain et à la fin de l'époque gauloise, attestés notamment par des céramiques servant à des préparations alimentaires. Sur les berges de la Seine, au flanc sud de Notre-Dame, un possible amarrage de bateaux remontant à l'époque médiévale a été mis au jour. Parmi les découvertes significatives, les traces d'un imposant bâtiment carolingien ont été repérées. À l'intérieur de Notre-Dame, des murs de la cathédrale médiévale ont été retrouvés ainsi que des fondations du monument actuel.

Notre-Dame relevée

(Sur les toits, juin 2024)

La montée est rapide. Sans marquer d'arrêt, l'ascenseur grimpe jusqu'à la plate-forme, installée à cinquante mètres au-dessus du sol. Une fois parvenu sur les toits de Notre-Dame de Paris, il faut un peu de temps pour s'habituer à l'environnement, maîtriser sa peur du vide. « Le vertige, ça se perd facilement, assure Rémi Pinkiewicz. Ce n'est pas une maladie irréversible. Ça passe au bout de quelques jours. » Le chef de chantier a pour sa part l'habitude des hauteurs. Ces temps-ci, Rémy Pinkiewicz dirige la pose de la couverture du chœur de la cathédrale, en voie de se terminer. À six mois de la réouverture officielle du monument, toujours prévue le 8 décembre 2024, les travaux de restauration approchent de leur terme.

Des hauteurs de Notre-Dame, la vue sur la ville s'ouvre à 360 degrés. Comme chaque fois, elle est époustouflante. Vers le côté sud, la coupole du Panthéon se détache au-dessus des toits gris de Paris. Du côté nord, la vue est dégagée jusqu'à la butte

Montmartre et la silhouette blanche et massive de la basilique du Sacré-Cœur. Là-haut, les bruits de la ville sont assourdis. On s'essaie à reconnaître les autres églises de Paris, petites sœurs de la cathédrale. Sur la rive gauche de la Seine, on devine Saint-Julien-le-Pauvre. Plus loin, on aperçoit les tours robustes de Saint-Sulpice.

« C'est le chantier d'une vie. Ce qu'on fait ici, on ne le refera jamais. C'est un privilège d'avoir été choisi pour travailler sur ce chantier », reconnaît d'emblée Rémi Pinkiewicz, de l'entreprise UTB. Il est arrivé sur les toits de Notre-Dame depuis février 2024. « On ne va pas se le cacher ! L'enjeu, dit-il, est de tenir les délais. » Depuis l'incendie du 15 avril 2019, les travaux de restauration du monument sont une constante course contre la montre, éreintante.

Mais à quel prix ? Celui de beaucoup de tensions, d'inconfort. Parfois même de l'incompréhension. « Pourquoi n'a-t-on pas pris en compte le fait que nous avons été grandement ralentis par l'affaire du plomb et l'épidémie de Covid ? » s'interrogent des responsables du chantier. Pour Philippe Jost, le président de l'établissement public Rebâtir Notre-Dame, « le délai était indispensable, mobilisateur ». Ancien bras droit du général Georgelin, ce polytechnicien et ingénieur de l'armement lui a succédé. « Nous avons tous été sonnés par la mort de Georgelin », reconnaît-on à Notre-Dame. Comme la France entière, saisie au milieu de ses vacances par la disparition inattendue et un peu mystérieuse de l'ancien chef d'état-major des armées. Bon an, mal an, quitte à faire grincer beaucoup de dents, Georgelin, à l'omniprésence médiatique soigneusement organisée et contrôlée par le service de communication de l'établissement public, incarnait la résurrection de Notre-Dame.

Des funérailles et un adoubement

À la mort du général, même si les relations sont loin d'être sereines entre les uns et les autres, il n'y a eu guère de discussions sur sa succession. C'était une évidence : Jost devait prendre la suite, quand bien même la mort brutale du général a réveillé, en coulisses, les appétits. Un soutien de raison. Pour assurer la continuité du chantier. Aux funérailles, qui ont lieu aux Invalides, la passation de pouvoir prend symboliquement forme. Entouré de deux de ses fils, le milliardaire Bernard Arnault, le principal donateur à la souscription publique (il a déboursé 200 millions, soit près d'un quart des dons), vient saluer ostensiblement Philippe Jost. Le geste, en soi, avait valeur d'adoubement.

Après sa nomination officielle, le polytechnicien a aussi repris le bureau de Georgelin à l'Élysée, malgré l'hostilité des uns et des autres. Avec Philippe Villeneuve, il a aussi perpétué les traditionnels déjeuners du jeudi. Entre les deux hommes, les rapports sont souvent rugueux, parfois conflictuels. « Le délai a créé, c'est vrai, un défi, une mise sous tension. Mais il faut être sous tension pour réussir, reprend, à l'orée de l'été 2024, Philippe Jost. Si vous connaissez l'heure de votre train, vous avez plus de chances d'être à l'heure à la gare que si vous ne la connaissez pas. Je peux vous dire que ce délai a été essentiel et que nous le devons au président de la République. » À quelques mois de la fin des travaux, la pression est de plus en plus intense. Elle est perceptible partout. « Nous allons finir nous-mêmes en ruine », plaisante, mi-chèvre, mi-chou, l'une des autorités du chantier. L'établissement public, à entendre les uns et les autres, aurait dû négocier une rallonge de quelques mois avec l'Élysée et le clergé. « Si la cathédrale avait rouvert à Pâques 2025, cela nous aurait permis de terminer dans de bonnes conditions », plaide une source autorisée.

Sur les toits de Notre-Dame, les équipes de Rémi Pinkiewicz posent, à l'abside, les dernières tables de plomb, qui pèsent chacune une cinquantaine de kilos. C'est là qu'a été fixée, le 24 mai, la monumentale croix de chevet, restaurée en Normandie. Dans le ciel de la capitale, ses dorures scintillent sous l'effet du soleil qui réchauffe enfin la ville. La nouvelle couverture est en plomb, comme l'ancienne, malgré les récriminations d'associations de défense de l'environnement, qui continuent à mener le combat contre l'utilisation du plomb. Depuis l'incendie, les polémiques reviennent régulièrement. Les responsables du chantier, de leur côté, rassurent. Les mesures régulières de taux de plombémie sont normales chez les ouvriers, les compagnons et la myriade d'experts qui s'affairent autour de la cathédrale.

Un colossal chantier

L'une des trois grues achemine, ce jour-là, des poutres en acier pour une autre partie de ce colossal chantier. En les regardant passer dans le ciel, on a la curieuse impression qu'elles volent presque dans les airs. Il faut emprunter une échelle pour grimper au faîte de la couverture. « L'un des grands défis techniques du chantier, c'est que nous nous basons uniquement, pour refaire les couvertures, sur des photos d'archives, puisque tout a brûlé lors de l'incendie, explique Rémi Pinkiewicz. C'est un concept un peu particulier. Habituellement, on se base sur ce qui existe, sur ce qu'on voit, et on remplace ce qui doit être remplacé. »

Sur le toit, une poignée de compagnons met en place les crêtes de faîtage, de grands feuillages en plomb qui ont été coulés par la fonderie Lemaire. « On est impressionnés du rendu final », lâche le couvreur en chef. L'ensemble décoratif a été dessiné, au XIXe siècle par Viollet-le-Duc et court tout au long du faîte du toit. Vu de loin, au sol, ce feston ajoute de la légèreté et de la grâce au monument. Là-haut, une radio crache un peu de musique. « Cela donne le rythme », plaisante Rémi Pinkiewicz. Trois crêtes de faîtage ont déjà été installées ; chacune d'elles pèse 370 kilos. « Elles ont été grutées. C'est une opération qui a lieu au millimètre près, explique Rémi Pinkiewicz. Les crêtes de faîtage viennent s'enfourcher sur les supports fixés dans la charpente. » Pour s'ajuster, couvreurs et grutiers échangent au talkie-walkie. Les intenses pluies du printemps ont elles aussi compliqué l'emploi du temps.

Au loin, au bout du bras nord du transept, la statue de saint Denis, réputé être le premier évêque de Paris, émerge de la forêt d'échafaudages. Tourné vers Montmartre, il bénit la ville. De ce côté-ci, l'original a été conservé. À l'autre extrémité, au bras sud, la statue du Christ bénissant a quant à elle été remplacée, sculptée à l'identique à partir du modèle d'origine. Lors de l'incendie, les pignons des deux bras du transept ont été chacun sérieusement endommagés. Celui situé au nord a presque été intégralement reconstruit. Il a fallu remplacer des pierres, des tourelles décoratives…

Depuis février 2024, la nouvelle flèche néo-gothique, reconstruite elle aussi à l'identique, est visible dans le ciel de Paris. Au début de l'été, on aperçoit une partie de sa charpente en chêne massif. « Les échafaudages ont été partiellement démontés », explique Rémi Pinkiewicz. Pour ériger la flèche, les structures en acier montaient très haut dans le ciel ; ce qui empêchait les charpentiers et les couvreurs d'achever les charpentes et les couvertures du transept et du chœur.

La patine des ans

Les Parisiens et les touristes s'agglutinent sur le parvis et autour des hautes palissades qui interdisent l'accès au monument. « Même si la cathédrale est fermée, ce chantier attire les visiteurs », remarque le service de communication de l'établissement public. Adossée à un mur de la rue d'Arcole, percée par le baron Haussmann au XIXe siècle, l'octogénaire admire la façade de Notre-Dame. « Quand nous sommes à Paris, nous venons toujours voir le chantier », explique Michèle, qui habite Toulon (Var). La fois précédente, c'était en novembre. Pour cette ancienne enseignante, Notre-Dame, c'est Notre-Dame, un point de référence, un patrimoine inaliénable. « Le soir de l'incendie, oui, j'ai pleuré », dit-elle. Comme des millions d'autres personnes, elle a eu peur que la cathédrale soit réduite en cendres. « C'était quand même impensable que cet incendie puisse avoir lieu », lâche Ghislain, médecin à Marseille, en déplacement professionnel à Paris. Lui aussi a fait un détour pour jeter un œil aux travaux.

Guide touristique à Paris, Lubo passe régulièrement à vélo voir le monument. Il a posé le pied à terre et a sorti son portable pour prendre quelques photos. Comme Michèle, il surveille de loin en loin l'avancée du chantier. Pour lui aussi, l'incendie demeure un moment marquant. « J'étais là avec ma fille quand la flèche est tombée ; c'était le soir de mon anniversaire », se souvient-il. Il photographie la nouvelle flèche. « Oui, c'est la même, consent Lubo. Mais pas tout à fait la même, non plus. Il manque la patine des ans. »

Avant l'été, les charpentiers et les couvreurs raccordent l'ensemble des charpentes et des couvertures de Notre-Dame à la base de la flèche. Au bras sud du transept, les charpentiers posent, ce jour-là, des chevrons, les poutres verticales qui s'intercalent entre les fermes, de très grands triangles qui constituent la base de la charpente. Celles-ci sont arrivées par la Seine, transportées sur des barges en provenance de Gennevilliers (Hauts-de-Seine). « Les charpentiers poseront ensuite des lames de bois à la verticale pour avoir une planitude qui permet d'accueillir le plomb de la couverture, explique Rémi Pinkiewicz. Tout est très technique sur ce chantier, il n'y a pas de partie facile. »

Une lucarne du toit permet d'entrer dans le grand comble de la cathédrale, d'où est parti l'incendie. Ce soir-là, la « Forêt », comme on appelait la charpente médiévale, celle d'origine construite au XIIIe siècle – l'une des rares à être parvenues jusqu'à nous –, est partie en fumée, une perte irréparable, selon les historiens de l'art et les archéologues. Dans l'air flotte une odeur de bois neuf. Soigneusement choisis dans les forêts de France pendant l'hiver 2021-2022,

1 200 chênes d'exception ont été taillés manuellement, à l'ancienne, en reprenant strictement les techniques du Moyen Âge pour la nouvelle charpente de la nef et du chœur. La pose a démarré en août 2023 et s'est achevée cinq mois plus tard. Auparavant, au cours du premier semestre, les éléments de la charpente ont été taillés et assemblés dans les ateliers des charpentiers.

Dans le grand comble, Bertrand Roux, chef de projet aux ateliers Perrault, s'émerveille des cupules, les traces laissées par les charpentiers lors de la taille des poutres à la doloire, une petite hache. « Les spécialistes reconnaissent le coup de main de chacun d'entre eux, en regardant ces cupules », explique-t-il. Pour le moment, trois planchers provisoires empêchent de percevoir la beauté et la monumentalité de l'ensemble. Treize fermes constituent l'ossature de la charpente du chœur ; tout a été chevillé en bois. Comme au XIIIe siècle… Pour prévenir les incendies, le système de protection du grand comble a été totalement repensé. À l'été 2024, des brumisateurs ont été installés dans le grand comble et des fermes coupe-feu en fer ont été posées pour arrêter les flammes, s'intercalant à la base de la flèche avec celles en bois.

L'écroulement des façades ?

Pour atteindre le beffroi nord de Notre-Dame, il faut emprunter un petit monte-charge qui a la malchance, ce jour-là, de tomber en panne. S'en extraire, en l'absence du réparateur, bloqué à Gennevilliers, nécessite quelques trésors d'imagination. Et un peu d'escalade… Dans le beffroi, la charpente, refaite au XIXe siècle lors de la grande restauration d'Eugène Viollet-le-Duc, n'a pas été trop endommagée par l'incendie. Le sort de Notre-Dame s'est-il joué ici le 15 avril 2019, comme l'ont répété, ce soir-là, des intervenants sur les plateaux des chaînes d'information en continu, entretenant un suspense anxiogène ? La cathédrale allait-elle s'écrouler comme ils le prétendaient ? Après avoir dévoré la charpente médiévale et la flèche, le feu avait, en effet, gagné la tour nord. Un commando de pompiers, tous volontaires, a été envoyé le combattre. Il fallait éviter que le beffroi ne brûle. « Les pompiers, c'est vrai, ont sauvé la cathédrale », insiste, comme un vibrant hommage, Philippe Villeneuve.

L'éventuel effondrement de la charpente et la chute des huit cloches auraient-ils causé des dommages irréparables ? L'architecte bat en brèche cette hypothèse « catastrophiste » qui continue à circuler. Il n'est pas le seul parmi les spécialistes du monument. Jean-Michel Guilment, chef de projet à l'établissement public, lui aussi s'élève contre cette théorie fantaisiste. La solidité des murs de la cathédrale et celle de ses voûtes, même en cas de chute des cloches, l'auraient protégée, selon ces deux experts, d'un risque d'effondrement. Cinq ans plus tard, dans le beffroi nord, quelques poutres portent la trace noircie de l'incendie, stigmates de ce qui s'est joué cette nuit-là. « Les parties claires du bois, c'est celles que nous avons remplacées », explique Bertrand Roux. À l'œil, les dégâts, à cet endroit, semblent, de fait, plutôt limités.

De la terrasse des tours de Notre-Dame, les chimères de Viollet-le-Duc contemplent, imperturbables, l'extraordinaire chantier. Ces animaux fantastiques, dessinés par l'architecte, sont des emblèmes de Notre-Dame, telle la fameuse Stryge. Les bras posés sur la balustrade, tirant la langue à Paris, c'est un monstre ailé, mi-démon, mi-femme, issu de la mythologie romaine. Dans ses recoins, la très catholique cathédrale serait-elle un peu syncrétiste ? En tout cas, ces chimères sont l'une des grandes réussites du décor sculpté, repris au XIXe siècle par Viollet-le-Duc, tel que le soulignait l'historien de l'art Alain Erlande-Brandenburg. Abîmées par le temps qui passe, certaines d'entre elles ont été substituées par des copies fraîchement sculptées.

Pour rejoindre l'intérieur de la cathédrale, il faut emprunter un étroit escalier en pierre. Le soir de l'incendie, l'équipe de pompiers venue combattre les flammes dans le beffroi de la tour nord avait emprunté, harnachée d'un lourd équipement, ce minuscule boyau.

L'interminable descente laisse le temps d'imaginer les intenses efforts physiques accomplis, ce soir-là, par ces hommes. Le chœur et la nef de la cathédrale retrouvent peu à peu leur calme. La majeure partie des échafaudages a déjà été démontée. Le regard porte désormais très haut. Nettoyées, les clefs de voûte éclatent de couleurs. De fines nervures rouges suivent les tracés des arceaux des voûtes.

Dans le chœur, quelques ouvriers terminent de replacer le pavement blanc et noir, partiellement retiré pour des travaux techniques : Notre-Dame a été raccordée au réseau de chauffage urbain de la ville de Paris. Le recteur-archiprêtre, Olivier Ribadeau Dumas, casqué et vêtu d'une combinaison bleue d'ouvrier, inspecte les lieux. L'Église catholique reprend peu à peu pied dans son lieu de culte. En tant qu'affectataire, elle a la charge de remettre en place l'éclairage et la sonorisation nécessaires aux cérémonies religieuses. Ses entreprises sont déjà à l'œuvre et se coordonnent avec le reste du chantier. Pendant l'été, une série de tests techniques ont été effectués. L'installation du nouveau mobilier liturgique, l'autel et le baptistère notamment, est prévue à l'automne. Le choix qui a été fait est sage et consensuel. Dans le clergé, cela crée un peu de remous, certains déplorant une certaine timidité, voire un manque d'affirmation de l'identité catholique du monument.

Le bleu roi de Viollet-le-Duc

À l'intérieur de la cathédrale, ce qui a déjà été restauré – c'est-à-dire l'essentiel – est désormais protégé sous d'épaisses bâches blanches. Dans la chapelle Saint-Georges, Marie Parant, restauratrice de peintures murales, achève, elle aussi, son chantier. « Les équipes ont déjà été allégées », dit-elle. Depuis deux ans, la restauratrice ne quitte plus la cathédrale : « La première année, nous étions entre dix et quinze à travailler à la restauration des peintures murales. » Habituée à travailler presque seule sur ses chantiers, Marie Parant s'émerveille d'avoir retrouvé, à Notre-Dame, l'ambiance médiévale des bâtisseurs de cathédrales. « Travailler ici est très addictif et je suis, bien sûr, très triste de sa fin », confie-t-elle. Dans la chapelle Saint-Georges, les échafaudages ont été partiellement démontés. « Nous avons une vue d'ensemble », se réjouit la restauratrice, contemplant le travail accompli.

Pour Marie Parant, la plus grande découverte de ce compagnonnage presque quotidien avec Notre-Dame est le travail décoratif de Viollet-le-Duc. L'architecte a repensé entièrement, au XIXe siècle, la décoration murale de la cathédrale, réinventant une époque médiévale à la façon des romantiques. De la décoration originale, celle des XIIIe et XIVe siècles, seule subsiste une Vierge à l'Enfant. « Viollet-le-Duc a réalisé des planches pour chacune des chapelles, avec la gamme des couleurs et les motifs géométriques. Les décorateurs travaillaient à partir de ces éléments, explique Marie Parant. Chaque chapelle est différente. Il n'y a pas deux motifs pareils, ni deux gammes de couleurs identiques. Les associations sont parfois étonnantes. C'était tellement sale que nous n'avions pas le recul nécessaire pour le voir auparavant. » Avec son œil aiguisé, la restauratrice attire l'attention sur les détails inattendus. Elle désigne là un bleu roi, peint sur une colonnette. « Parfois, cela peut être encore plus vif », dit-elle, surprise de l'emploi d'une telle couleur. Marie Parant a du chagrin à l'idée de quitter ce chantier. Pour se consoler, elle a promis d'organiser une fête, à l'été 2024, dans son atelier à la Bastille. Reviendra-t-elle dans la cathédrale ? Un jour ou l'autre, sûrement… Pour reprendre, ici ou là, une peinture murale.

Depuis sa fondation, Notre-Dame de Paris est, c'est vrai, un éternel chantier. Après la réouverture officielle en décembre 2024, de nouveaux travaux de restauration sont déjà programmés sur les extérieurs du monument. Ce sont ceux qui devaient avoir lieu au printemps 2019, selon le plan établi par Philippe Villeneuve. « Avant l'incendie, la cathédrale, nous le savons, était en mauvais état. La sacristie et le chevet étaient les parties qui nécessitaient, de manière urgente, une restauration », explique Philippe Jost. « Il y a cinq ans, l'émotion considérable suscitée par l'incendie s'est muée en un grand élan de générosité », ajoute-t-il. Au terme de la restauration de

Notre-Dame, les 846 millions collectés par la souscription publique n'ont pas tous été dépensés. C'est une bonne nouvelle pour le monument. Au chevet, les échafaudages qui montent jusqu'à la base de la toiture vont rester en place. L'urgence est de reprendre les arcs-boutants, très fragiles. Stoppée par l'incendie, leur rénovation a attendu cinq ans.

Le sauvetage de la croix de chevet

« Nous avons travaillé jusqu'à minuit hier soir », raconte Alexandre Gury, maître forgeron – il préfère ce terme à celui de ferronnier d'art. Avec ses cinq salariés, le jeune patron normand a rénové la croix de chevet monumentale de la cathédrale. Elle mesure 12 mètres de hauteur et pèse 1,5 tonne. La vision a quelque chose d'incongru. Suspendue à un engin de levage, elle s'érige, en ce vendredi matin ensoleillé de mai 2024, dans la cour de l'ancienne ferme de ses grands-parents à Saint-Aubin-des-Bois (Calvados). Alexandre Gury a installé il y a une dizaine d'années son atelier Fer Art Forge dans ce qui fut l'étable. En retrait, les deux aïeuls laissent poindre discrètement, réserve normande oblige, un peu de leur fierté.

Un drone volette et grésille au-dessus des pommiers en fleur. Au terme de mille heures de travail, la restauration de la croix monumentale est quasiment achevée. Il a fallu démonter, reforger, remonter. L'affaire n'était pas gagnée d'avance.

Alexandre Gury a insisté pour que l'on restaure l'original, celle dessinée et installée sur la toiture de la cathédrale par Eugène Viollet-le-Duc. Et non pas que l'on en reconstruise une à l'identique. « Je savais que c'était possible », a-t-il plaidé. La croix monumentale du chevet est le seul élément de la toiture qui ait survécu à l'incendie du 15 avril 2019. La conserver, la restaurer était hautement symbolique. Philippe Villeneuve garde l'œil sur tout. Ce jour-là, à Saint-Aubin-des-Bois, il réfléchit, en regardant la croix, à la manière dont il va disposer les dorures. « Grâce à ce travail, la cicatrice de l'incendie se referme peu à peu », commente-t-il devant la presse. « À l'occasion du chantier de Notre-Dame, on redécouvre combien les savoir-faire français sont vivaces, insiste de son côté Philippe Jost. C'est ce savoir-faire exceptionnel et souvent discret qui va permettre la réouverture de la cathédrale que le monde entier attend. » Lors de cette visite de terrain, la NHK, la principale chaîne de télévision japonaise, couvre l'événement ; une ou deux télévisions américaines également. « Notre-Dame, c'est beaucoup de l'âme de la France », commente le recteur-archiprêtre de la cathédrale, Olivier Ribadeau Dumas. Un peu aussi de celle de la planète, manifestement.

À une dizaine de kilomètres de là, à Villedieu-les-Poêles (Manche), huit cloches de Notre-Dame ont été mises au vert, en juillet 2023, chez le fondeur spécialisé Cornille-Havard, l'un des rares encore en activité en France. « Il fallait procéder à un diagnostic afin de savoir si elles avaient été endommagées », explique

Paul Bergamo, le directeur de la fonderie. Après les études, uniquement deux, Gabriel et Marcel (chaque cloche porte un prénom, comme il est d'usage) ont nécessité un travail de restauration proprement dit, un traitement thermique notamment.
Trois semaines plus tard, le 24 mai, à Paris, la monumentale croix de chevet, arrimée à une grue, est emportée dans les airs. Il faut la poser à l'abside et la river à la charpente. Il y a foule. Et des discours officiels. Chacun applaudit. Le recteur de la cathédrale, Olivier Ribadeau Dumas, bénit l'ouvrage avant que le lent grutage commence. Les compagnons du chantier sont là, émus bien sûr. Parmi eux se trouvent Alexandre Gury et sa petite équipe. En hauteur, la monumentale croix de chevet, une dentelle de fer, révèle sa beauté. Les cloches reviendront quant à elles à Notre-Dame dans le courant de l'été.

Un nouveau coq pour Notre-Dame

Lors d'un déjeuner sur l'île de la Cité, Philippe Villeneuve fait défiler quelques croquis, soigneusement archivés dans son téléphone portable. À table, l'architecte, souvent soucieux de l'avancée de son chantier, s'anime soudain et sourit. Il montre joyeusement à ses convives les esquisses du nouveau coq de la cathédrale, dessiné de sa main. « Il est prêt à s'envoler », décrit-il. Les ailes du gallinacé se déploient, montent en volutes, telles des flammes, et se croisent au sommet. « C'est pour faire mémoire de l'incendie. D'autres y verront peut-être une allusion à l'Esprit-Saint. »

Ce 16 décembre 2023, une centaine d'invités triés sur le volet patientent sur la base vie du chantier. Depuis le début des travaux de restauration, les algécos ont envahi le square Jean-XXIII, devenu méconnaissable. Sur l'ancien kiosque à musique, le nouveau coq de la cathédrale trône triomphalement. « Bénis ce coq, symbole du veilleur annonçant l'aurore et le jour de la Résurrection », récite l'archevêque de Paris, Laurent Ulrich, aspergeant d'eau bénite la sculpture réalisée par Henri-Patrick Stein, installé dans la Meuse. Celle-ci a été dévoilée quelques instants plus tôt.

Dans le nouveau coq de Notre-Dame, l'œil découvre des réminiscences de l'ancien, le même bec ouvert et le même cou tendu, prêts à annoncer l'aurore. Créé au XIXe siècle par un des sculpteurs attitrés de Viollet-le-Duc, Adolphe-Victor Geoffroy-Dechaume, le coq avait été installé au sommet de la cathédrale en 1860, quasiment à la fin des travaux de restauration. Abîmé par le tanin de la charpente en chêne de la flèche, laissant s'échapper quelques morceaux de reliques, il avait nécessité une rénovation assez poussée dans les années 1930.

Au chevet de Notre-Dame, la cérémonie est joyeuse et sobre. Une lecture est faite d'un passage de l'Évangile de Marc et un Magnificat est chanté par la foule. L'archevêque de Paris glisse dans la poitrine du coq quelques reliques réputées être celles de sainte Geneviève, la patronne de Paris, et de saint Denis, le premier évêque de la capitale au IIIe siècle, ainsi qu'un morceau de la Couronne d'épines. À la foule, Philippe Jost, le président de l'établissement public, montre un parchemin contenant une longue liste de noms, ceux des quelque deux mille personnes qui ont œuvré à la restauration de Notre-Dame. Le document est placé dans un tube qui est scellé par deux compagnons et introduit par l'archevêque de Paris dans le coq. La nouvelle girouette de Notre-Dame est aussi un mémorial.

Accroché à une grue, le coq s'envole ensuite dans les airs. C'est beau et magique. Quelques personnalités ont gagné la plate-forme installée à une centaine de mètres de hauteur. L'archevêque de Paris s'est délesté de ses vêtements liturgiques pour enfiler un casque et une combinaison de chantier. Là-haut, tout là-haut, Zoé, la plus jeune personne qui travaille à la restauration de Notre-Dame (le « lapin », dit-on dans l'argot des compagnons), installe le coq au sommet de la croix. Un nuage de mouettes et une nuée de pigeons viennent saluer le nouvel arrivant.

Le réveil de l'orgue, une alchimie de sons

(Juillet 2024)

Notre-Dame est une affaire d'attachement, de passion. « C'est mon ADN », dit Bertrand Cattiaux. Entre le facteur d'orgues et la cathédrale, c'est un long compagnonnage qui dure depuis plus d'un demi-siècle. Étudiant (vaguement) en commerce international dans les années soixante-dix, il y passait plus de temps qu'en cours, d'après ses confidences. L'homme a pris sa retraite il y a une poignée d'années et a transmis son entreprise, installée en Corrèze. À l'été 2024, Bertrand Cattiaux est pourtant là, pour remettre en route le grand orgue, démonté entièrement après l'incendie.

« J'ai une journée dans les pattes », souffle-t-il quand on le retrouve, en fin d'après-midi, au Bougnat, au cœur de ce qui reste du Paris médiéval, celui d'avant les travaux du baron Haussmann qui ont policé la capitale. L'adresse est connue et appréciée dans le voisinage de la cathédrale. Après des journées éreintantes, de nombreux acteurs du chantier de Notre-Dame y boivent des verres dans une ambiance joyeuse. Pour décompresser, l'architecte Philippe

Villeneuve se joint volontiers à la troupe turbulente des ouvriers et des compagnons qui déborde dans la rue. Juché sur de hauts tabourets, on peut y manger de généreuses assiettes de saucisses aligot.

« Le grand orgue de Notre-Dame, c'est le plus bel orgue de France », lâche, en préambule, Bertrand Cattiaux, attablé pour sa part devant une austère salade. La référence, en somme, celui qui compte le plus de jeux, de tuyaux. Mais ce n'est pas forcément celui que Bertrand Cattiaux préfère. « Je ne cherche pas le gigantisme », s'excuse le facteur et restaurateur d'orgues, qui poursuit ses missions à travers l'Europe. Il est entré dans ce monde si particulier en découvrant l'instrument remarquable de la collégiale d'Étampes (Essonne), qui date pour partie de la Renaissance. Il avait quatorze ans, jouait du piano, avait demandé à le voir : « Cela a été le déclic, j'ai vu une forêt de tuyaux et j'ai su ce que je voulais faire. » Pour Bertrand Cattiaux, « les meilleurs formateurs, ce sont les instruments anciens, c'est un métier où l'on apprend tout le temps ». Il a récemment approché, en Italie, à Bologne, un instrument du XVe siècle, dans la basilique San Petronio, qui le laisse littéralement sans voix. « On tombe à genoux devant », dit-il.

La visite de Beyoncé

Ce soir-là au Bougnat, le facteur d'orgues croise par hasard la fille du grand organiste Pierre Cochereau, disparu en 1984 et titulaire du grand orgue de Notre-Dame pendant près de quarante ans. Il l'a côtoyé – et admiré – à la cathédrale. « Ce sont les plus grands musiciens qui ont accompagné l'histoire de cet orgue », dit-il. Au fil de la conversation, un flot de souvenirs remonte, l'enterrement de Georges Pompidou en 1974, la venue de Jean-Paul II en 1980, le passage du couple Obama et de ses deux filles, le 7 juin 2009, une déambulation privée d'une heure, à portes fermées. « L'organiste Philippe Lefebvre s'était lui-même déplacé pour l'occasion », précise-t-il. En 2014, tandis qu'il restaurait l'instrument, Cattiaux, peu impressionné mais plutôt amusé, a aussi vécu la discrète visite de Beyoncé. La chanteuse avait insisté auprès d'André Finot, le chargé de communication de Notre-Dame, pour voir le grand orgue.

Quand la cathédrale a brûlé, le facteur d'orgues était en Suisse pour l'un de ses chantiers et passait la soirée avec un confrère. Ensemble, ils étaient allés voir un instrument que Cattiaux avait restauré. L'alerte est arrivée sur son portable ; c'était une photo de Notre-Dame, prise d'un bus. De la fumée s'échappait de la cathédrale. « J'ai cru à une blague », se souvient-il, avant d'aller vérifier l'information auprès du site du *Monde*. « C'était une catastrophe, j'ai eu peur, oui, qu'elle brûle entièrement, qu'elle disparaisse », dit-il. Cinq ans plus tard, il retient encore ses larmes avec peine. Sa vie, au fond, s'est ancrée là, à Notre-Dame.

Du grand orgue de la cathédrale, Cattiaux n'a eu des nouvelles qu'une semaine après l'incendie. Elles étaient rassurantes. Le 23 avril, un petit groupe d'experts officiellement réquisitionnés est allé inspecter l'instrument, en empruntant l'escalier en pierre de la tour sud. L'architecte Philippe Villeneuve, lui-même mélomane, accompagnait la troupe. « Nous avions vu des photos et nous savions qu'il était toujours là ! Mais nous ignorions, en réalité, ce que nous allions trouver », raconte Christian Lutz, expert pour les orgues classés auprès du ministère de la Culture. Le soir de l'incendie, quand il a vu le feu se propager dans la tour nord, il a eu de réelles craintes pour l'instrument.

Les poussières de plomb

La tournée d'inspection est réconfortante. « Les tuyaux n'avaient pas fondu ; ce qui aurait pu arriver sous l'effet de la chaleur », explique Lutz. Le grand orgue n'avait pas non plus été noyé sous les eaux ; il y en avait juste un peu à la tribune, qui avait coulé le long du mur nord. « Ma peur, c'était que les pompiers aient arrosé massivement, confie l'expert, rapidement rassuré. Si nous avions rebranché le courant, je suis persuadé qu'il aurait immédiatement fonctionné ! »

Ce qui frappait surtout Lutz, à ce moment-là, c'était l'immense quantité de poussière qui s'était déposée. « Ce n'était pas une suie noire, collante, comme on le voit habituellement après un incendie », décrit-il. Elle était, selon lui, plus « volatile ». Les analyses ont montré plus tard qu'il s'agissait de monoxyde de plomb, des poussières un peu jaunâtres, provenant de l'incendie et de la destruction des toitures. Selon Lutz, l'écroulement de la souche de la flèche a provoqué un effet de souffle, projetant les poussières de plomb vers le fond de la cathédrale, vers le grand orgue.

Dans son rapport, Christian Lutz suggère que le relevage, le nettoyage complet et la révision aient lieu *in situ*. « L'instrument avait été restauré, cinq ans auparavant, et il était en bon état, précise l'expert. L'idée était de s'installer dans les tribunes de la cathédrale, comme on l'a toujours fait. » En 2014, lors de la dernière grande restauration supervisée par Bertrand Cattiaux, c'est cette configuration qui avait prévalu. Un poste de soudure avait même été créé dans une salle de la tour sud. Mais, cette fois-ci, la situation s'avère complexe. Elle est même inédite. Un orgue démonté prend beaucoup de place. En fait, les facteurs d'orgues travaillent généralement seuls, sans qu'il y ait autour d'eux des ballets de tailleurs de pierre, de couvreurs, d'échafaudeurs. « Il y avait tant de corps de métier que c'était impossible d'imaginer de rester sur place, dans la cathédrale. Un relevage, ça n'a jamais lieu au milieu d'un tel gros chantier », explique Christian Lutz.

La décision est prise de finalement démonter l'orgue et ses 8 000 tuyaux. Enfin, l'essentiel… Restent en place le buffet, quatre grands sommiers et les imposants tuyaux de façade d'une dizaine de mètres, trop délicats à manipuler et à transporter. « Ils doivent rester à la verticale », précise Laurent Anen, un des facteurs d'orgues qui ont participé au relevage et à l'harmonisation. Le nettoyage et la révision se feront donc en ateliers, chez les facteurs d'orgues. Mais seulement en 2022.

À l'été 2019, la cathédrale est encore en danger, menace toujours de s'effondrer. Le chantier est soumis à des alertes, celles des capteurs installés sur le grand échafaudage noirci et en équilibre instable. À l'intérieur, l'accès à la nef est strictement interdit, la zone est vulnérable à cause de la fragilité potentielle des voûtes. Dans ces conditions-là, démonter le grand orgue relève de l'impossible. « Il fallait installer un échafaudage à l'avant de l'instrument, c'est-à-dire dans la nef », explique Christian Lutz. Le démontage, en fait, ne peut débuter qu'un an plus tard, en juillet 2020, quand la cathédrale est déjà sécurisée. Programmé dans un premier temps en mars, il est décalé à cause de la pandémie de Covid-19, du confinement. Le chantier, lui, est mis à l'arrêt.

Un alliage de plomb et d'étain

Ces péripéties de calendrier, cette longue attente, créent de l'inquiétude chez les facteurs d'orgues. « Le grand orgue a été à l'air pendant plus d'un an », relève Bertrand Cattiaux. Les trouées dans les voûtes de la cathédrale l'exposent à des variations de température, à l'humidité. Comment l'instrument résiste-t-il aux intempéries, aux canicules ? En 2019, l'été est très chaud, spécialement à Paris. Le thermomètre s'affole et atteint quasiment les 43 degrés le 25 juillet. « Heureusement, c'étaient des périodes courtes », commente Christian Lutz.

Auprès du grand orgue, les conditions de travail, comme pour le reste du chantier, sont éprouvantes, notamment lors du démontage. Les maîtres artisans doivent se protéger des poussières de plomb, porter des masques APR (à protection respiratoire). « Il fallait faire des pauses, prendre des douches », explique Christian Lutz. La console de l'instrument, le premier élément qu'il faut démonter, est déposée en août. Malgré les craintes, le chantier avance plutôt bien, se clôt avant la fin de 2020. L'ensemble est placé dans quatre conteneurs qui rejoignent le centre de stockage, dans les entrepôts du Val-d'Oise, en attendant que des appels d'offres soient lancés.

En 2022, trois ateliers obtiennent la charge de restaurer le grand orgue de Notre-Dame. En Corrèze à Liourdres, l'Atelier Cattiaux-Chevron ; dans l'Hérault à Lodève, la Manufacture languedocienne de grandes orgues, et dans le Vaucluse à Saint-Didier, l'Atelier Quoirin, se répartissent les parties de l'instrument. L'ancienne entreprise de Bertrand Cattiaux hérite des presque 8 000 tuyaux de Notre-Dame. « Il fallait principalement enlever la poussière », précise-t-il. À cause du monoxyde de plomb, cela se passe aussi dans un atelier spécialement dédié.

D'après ce que disent les spécialistes, le grand orgue a peu souffert de l'incendie. Mais il y avait quand même des incertitudes jusqu'à son remontage, en 2023.

« Un tuyau, c'est un alliage de plomb et d'étain, explique Bertrand Cattiaux. Ce n'est pas épais du tout. Les manutentions et les transports peuvent le fragiliser. » Depuis la funeste nuit du 15 avril 2019, la vie du grand orgue, gorgé de poussières de plomb, exposé aux intempéries, démonté, transporté, stocké, remonté, n'a pas été, c'est vrai, un long fleuve tranquille. Allait-il retrouver sa sonorité ? « Il y avait de l'inquiétude, oui, notamment chez les organistes », reconnaît Christian Lutz.

La repose du grand orgue, comme l'explique l'expert, s'est faite en deux moments. D'abord la partie technique, puis la partie musicale. L'instrument a été mis sous cloche, protégé comme dans une bulle en attendant que les tuyaux soient accordés et harmonisés, une étape essentielle. Il fallait le protéger du reste du chantier. « Des bâches thermoformées l'ont isolé du reste de l'édifice pour éviter un nouvel empoussièrement », précise Jean-Michel Guilment, l'un des meilleurs connaisseurs de la cathédrale.

À partir du printemps 2024, le grand orgue se réveille peu à peu. Fin connaisseur de l'instrument, Bertrand Cattiaux, qui a la mémoire de sa sonorité, se joint aux deux équipes de facteurs d'orgues qui se relaient jour et nuit, l'une pour accorder et l'autre pour harmoniser. « L'accord, c'est physique. Un tuyau est juste. Ou pas, explique-t-il. Mais cela n'a aucun rapport avec le timbre, avec la manière dont il va parler en harmonie avec les autres. » L'harmonisation se fait dans le calme le plus complet. L'équipe travaille de nuit pour ne pas être importunée par les bruits parasites, en particulier ceux dus aux travaux.

À la cathédrale, ce soir de juillet 2024, il n'y a quasiment plus qu'eux : Christian Lutz, Laurent Anen et Itaru Sekiguchi, des habitués qui ont leur nom inscrit sur leur casque. Postés derrière des écrans, à l'entrée du site, les agents de sécurité scrutent attentivement les lieux. Même de nuit, Notre-Dame est sous stricte surveillance. Le monument et le chantier, selon une tradition bien établie, attirent, surtout le week-end et de nuit, des intrusions. D'après les gardiens, ceux qui les commettent ont un jeu favori, une préférence pour la plus haute grue, la grue jaune, qu'ils tentent régulièrement d'escalader.

À l'intérieur, les reflets multicolores des vitraux irisent au soleil couchant les murs blonds de Notre-Dame. Le chantier s'est assoupi et les couleurs dansent encore un peu avant de s'évanouir à la nuit tombante. De la tribune de l'orgue, le regard s'étend jusqu'au chevet, embrasse la splendeur retrouvée de la cathédrale. L'édifice baigne dans une lumière douce jusqu'alors inconnue et qui magnifie l'architecture.

Le grand échafaudage de la flèche est presque démonté ; ce qu'attendaient les facteurs d'orgues pour ciseler leur travail. L'édifice, en tant que tel, est un paramètre qui participe à la résonance. « L'instrument est harmonisé pour une acoustique bien précise. On la retrouve au fur et à mesure du démontage de l'échafaudage. De semaine en semaine, cela change, cela gagne en ampleur, explique Christian Lutz. Les murs de la cathédrale ont aussi été nettoyés. Cela compte. Si on ne retrouvait pas l'acoustique, on ne retrouvait pas non plus l'orgue. On n'était pas inquiets. Mais il y avait quand même une petite part de doute. Là, nous sommes suffisamment avancés pour dire que nous retrouvons l'instrument tel qu'il était avant l'incendie. »

Une machinerie étrange

Laurent Anen et Itaru Sekiguchi connaissent parfaitement le grand orgue. En 2006, ils ont déjà participé à une harmonisation générale de l'instrument, ainsi qu'à la grande restauration de 2014. L'un et l'autre ont travaillé avec Bertrand Cattiaux, une histoire de transmission de maître à élève en quelque sorte, avant de voler vers d'autres aventures. Le premier a créé sa facture d'orgues au Luxembourg et le second a été recruté à Notre-Dame en 2018 pour s'occuper exclusivement de l'instrument, une tradition, vu son importance à la cathédrale. Sa mission s'est malheureusement arrêtée après l'incendie. Et pour cause…

Itaru s'installe à la console. Et Laurent grimpe à l'étage. On le suit. Bertrand Cattiaux avait prévenu : ce qu'on voit d'un orgue n'est que la partie émergée de l'iceberg. Surtout à Notre-Dame. « Un orgue, c'est le seul instrument dans lequel on entre », dit Cattiaux. L'escalier est minuscule. Puis se transforme en une échelle en bois. Au dernier étage, le troisième, on se retrouve nez à nez avec la grande rose occidentale. On essaie de déchiffrer le zodiaque et le cycle des travaux des saisons, représentés sur les vitraux. On reconnaît un lion, un scorpion, un moissonneur…

Pour le non-initié, un grand orgue est une machinerie étrange, une alchimie secrète de sons. Celui de Notre-Dame a, d'après les experts, une importante valeur patrimoniale. « C'est un résumé de l'histoire de l'orgue », soutient Christian Lutz. Quelques tuyaux remonteraient au XVe siècle. « Une dizaine, très peu », pointe l'expert. Selon Bertrand Cattiaux, la moitié date du XVIIIe, 30 % du XIXe, 15 % du XXe et 5 % du XXIe. Lui parle de « livre ouvert de l'histoire de l'orgue ». L'instrument, très impressionnant, est une synthèse du travail des facteurs d'orgues les plus chevronnés, François Thierry et Antoine Cliquot au XVIIIe siècle, Aristide Cavaillé-Coll au XIXe siècle. « Robert Boisseau l'a repris à son tour en le classicisant, en le rendant moins ronflant », explique Bertrand Cattiaux.

Itaru se met au clavier et fait sonner l'instrument. « La personne qui est au clavier entend mieux les inégalités que celle qui est dans l'orgue. C'est elle qui va donner les indications », explique Lutz. À l'étage, Laurent Anen vérifie un à un les tuyaux, se saisit de celui qui pose problème. Avec son accordoir (une tige fine de métal), il ouvre un peu le pied (un tuyau a un pied, une bouche, des oreilles, selon le vocabulaire anthropomorphique des facteurs d'orgues…). « Un harmoniste expérimenté va savoir très vite quel paramètre il faut changer. Il y a une dizaine de paramètres différents qui peuvent intervenir », précise

Christian Lutz. Quelques micro-gestes suffisent à modifier le timbre d'un tuyau. Pédagogique, Laurent Anen décrit les effets de son intervention : « Il y aura plus d'air à passer et le son sera plus puissant. » C'est minutieux, subtil, mystérieux.

La querelle des organistes

Un bref communiqué, signé du recteur-archiprêtre de Notre-Dame et d'apparence anodine, met le feu aux poudres au printemps 2024 et déclenche une guerre inédite entre le clergé et le milieu des organistes. La querelle de l'orgue est l'une des plus virulentes qu'a connues le chantier de Notre-Dame. Traditionnellement, l'attribution des grandes tribunes, c'est-à-dire la nomination des organistes, se fait dans le cadre d'un concours. Qui cette fois-ci, à Notre-Dame, n'a pas eu lieu. Ce qui a déjà singulièrement agacé. « Cela fait partie de mes attributions de recteur de nommer les organistes », a répliqué Olivier Ribadeau Dumas lors d'une conférence en juin 2024, avançant un argument d'autorité contre la tradition. De quoi envenimer un peu plus la situation et rendre difficile la discussion.
Selon les détracteurs du recteur, l'absence de concours a abouti à des choix contestables et arbitraires dans la nomination des quatre organistes de Notre-Dame. La reconduction d'Olivier Latry, musicien d'envergure internationale, comme organiste titulaire n'a pas souffert de contestation. Ni même la nomination de

Thierry Escaich, compositeur et organiste, lui aussi de renommée internationale, une nouveauté pour la réouverture de la cathédrale. En revanche, deux évictions paraissent inacceptables pour le collectif des organistes français qui mène la bataille : celle de Philippe Lefebvre, l'un des piliers de la tribune de Notre-Dame, licencié comme tous les autres après l'incendie de 2019 et qui, selon le recteur, a atteint l'âge de la retraite, et celle de Johann Vexo, suppléant à l'orgue de chœur. Même retraité, le premier, qui n'a pas été prévenu personnellement de sa mise à l'écart définitive, espérait au moins participer à la réouverture officielle de l'édifice.

Du point de vue des adversaires du recteur, sur ce terrain déjà miné, une dernière nomination, dans la « promotion » de 2024, a pris une allure de *casus belli*. Il s'agit de celle de Thibault Fajoles, vanté dans le communiqué de presse comme un « talent prometteur ». Âgé seulement de vingt et un ans, le jeune homme, qui n'a pas achevé ses études, n'a pas suffisamment fait ses preuves, selon ses détracteurs, pour accéder au grand orgue de Notre-Dame et à son orgue de chœur. « La tribune de Notre-Dame doit être servie par des artistes chevronnés, à la hauteur de ce lieu prestigieux, et non servir de marchepied pour un jeune organiste encore inexpérimenté », clame le collectif. Est-ce pour nommer Thibault Fajoles qu'il n'y a pas eu de concours d'organiser ? Beaucoup le pensent dans le milieu des organistes, qui restent vent debout contre ce choix. À la cathédrale, le recteur est resté inflexible.

Une cathédrale, pour quoi faire ?

Le président, l'archevêque et Victor Hugo

Notre-Dame est une cathédrale. C'est une évidence. Elle est, par sa nature, un lieu de culte catholique. Ce que personne ne conteste – au moins publiquement. C'est bien pour cela que, bon an, mal an, le président de la République a été obligé de négocier avec l'archevêque de Paris les modalités de sa présence et de sa prise de parole lors de la réouverture, en décembre 2024, et ce alors même que le bâtiment est propriété de l'État. Mais Notre-Dame, c'est bien davantage. Elle ne se réduit ni à sa fonctionnalité et à ses rites catholiques, ni à son statut de monument historique ou de bien culturel. Notre-Dame, c'est un patrimoine en partage, une parcelle d'éternité, un supplément d'âme.

L'incendie du 15 avril 2019 l'a révélé. « L'attachement va bien au-delà des sphères catholiques », remarque Jean-Michel Guilment. C'est en tout cas l'expérience que beaucoup ont vécue. Relatant sa soirée passée au milieu de la foule, sur les berges de la Seine, tandis que la cathédrale se consumait, Denis Pelletier, historien du catholicisme contemporain, confie avoir été étonné par la proximité qu'il ressentait avec ceux qui l'entouraient[1]. « C'est chez moi que ça brûle », se murmure-t-il, à l'intérieur de lui-même. « Ce qui m'a surpris alors, et dans les heures qui ont suivi, c'est à quel point ce sentiment que j'avais cru intime était partagé par des croyants comme par des non-croyants, poursuit-il. Ou plus exactement, c'est la façon dont chacun pouvait s'accorder à Notre-Dame à sa manière, avec ses propres raisons, comme si cet incendie avait construit un espace d'émotion commun à tous, mais disponible à la diversité des manières individuelles de l'habiter. Le deuil de qui nous aimons produit aussi cela : chacun pleure à sa façon, mais c'est ensemble. »

Le drame qui se joue cette nuit-là engendre une émotion collective d'une intensité rare. Denis Pelletier énumère ce dont, d'après lui, Notre-Dame est le réceptacle : « Lieu de prière et de foi, centre symbolique de la France, lieu d'histoire où se sont déroulés tant d'événements qui sont dans les livres, édifice qui garde gravées dans certaines de ses pierres les signatures de ses ouvriers anonymes, emblème d'un patrimoine qui nous tiendrait lieu de religion civile, flèche improbable et moderne dont la chute nous a coupé le souffle, lieu littéraire hanté par la belle Esméralda et par Quasimodo qui l'aime en silence. » En fonction de ses croyances et de sa sensibilité, chacun anime

1. Dans l'introduction de son livre, *Les Catholiques en France, de 1789 à nos jours*, Albin Michel, 2019.

la cathédrale de parcelles de sa vie intérieure. Quand celles-ci s'additionnent, elles fabriquent du commun, du collectif. « Notre-Dame a quelque chose en plus », dit Jean-Michel Guilment. Ce « quelque chose en plus », qui reste indéfinissable, la distingue des autres cathédrales.

Une tragédie, pour mémoire

Tandis que l'édifice est en feu, chacun mesure ce qu'il risque de perdre comme référent, comme point d'attache culturel et spirituel. La cathédrale de Paris, en danger, se révèle comme le lieu d'un imaginaire aux multiples potentialités. Par essence, l'émotion est fugace. Dans la nuit du 15 au 16 avril 2019, le sort de Notre-Dame a tenu le monde en haleine. Et après ? Une émotion, dit-on, chasse l'autre. C'est vrai. Les chaînes d'information en continu s'en chargent, mondialisent les drames, les font entrer dans le quotidien de chacun, les superposent. « Ce genre de moment ne dure guère, la politique reprend très vite le dessus, et aussi les discours savants », constate, un peu peiné, Denis Pelletier.

Mais en réalité, pour Notre-Dame, l'histoire ne s'est pas arrêtée là. C'est aussi ce qui en fait sa singularité. La trace du drame s'est inscrite durablement, faisant mémoire de l'émotion collective, l'entretenant, ancrant l'attachement retrouvé ou renouvelé au monument. Les stigmates de l'incendie dans le paysage de Paris le rappelaient, tel le grand échafaudage tordu et menaçant, visuellement très impressionnant. Le drame s'est peu à peu mué en feuilleton, rythmé par l'avancée des travaux. La tragédie s'estompait. La cathédrale renaissait, les charpentes prenaient forme, la nouvelle flèche s'élevait. Par son esthétique et ses prouesses, ce chantier a fasciné touristes et visiteurs. Mais aussi les Parisiens. Les polémiques ont par ailleurs animé ces années de travaux. Fallait-il une nouvelle flèche en verre ? Des vitraux contemporains ? Bradait-on l'héritage d'Eugène Viollet-le-Duc ?

Le pouvoir politique en a fait son affaire. L'incendie et le chantier de Notre-Dame sont des marques importantes des deux quinquennats d'Emmanuel Macron. Le chef de l'État en a tiré le bénéfice qu'il pouvait. Le soir de l'incendie, il accourt sur le parvis, reste omniprésent dans les jours qui suivent, met en scène ses visites régulières du chantier. Un an avant la réouverture, on le voit, casque sur la tête, au sommet de la nouvelle flèche, gravant, dans la charpente, le nom du général Georgelin, brutalement décédé à l'été 2023. Selon l'historien Denis Pelletier : « Chaque président de la République française a besoin de hauts lieux. »

« Parce que c'est notre destin »

Pour Emmanuel Macron, Notre-Dame de Paris a joué ce rôle-là. « Notre-Dame, c'est notre histoire, notre littérature, notre imaginaire. Nous y avons vécu tous nos grands moments, nos épidémies, nos guerres, nos libérations, c'est l'épicentre de notre vie, déclame Emmanuel Macron sur le parvis, dans la nuit du 15 au 16 avril. C'est la cathédrale de tous les Français, même de ceux qui n'y sont jamais venus. [...] Nous rebâtirons Notre-Dame parce que c'est ce que les Français attendent, parce que c'est ce que notre histoire mérite, parce que c'est notre destin profond. » Pourtant, la comparaison avec ses prédécesseurs ne tourne guère à son avantage. Les « grands » avec lesquels Emmanuel Macron souhaite se mesurer, Georges Pompidou, Valéry Giscard d'Estaing, François Mitterrand ou Jacques Chirac, ont laissé à Paris de grands monuments, de grandes institutions culturelles, marqués de leur griffe, qu'il s'agisse de Beaubourg, du musée d'Orsay, du Quai Branly, de la Grande Bibliothèque, de l'Opéra Bastille ou de la Pyramide du Louvre. Au tournant du XXIe siècle, l'expression de la puissance du pouvoir semble se réduire considérablement.

Le temps des grandes ambitions culturelles est-il terminé ? Macron n'a pas bâti. Il a sagement reconstruit Notre-Dame. Qui plus est à l'identique, essayant un peu de se rattraper, au dernier moment, avec un projet (modeste au demeurant) de vitraux contemporains. Notre temps, c'est clair, se recroqueville sur son passé, son patrimoine, qui incarne la permanence et la solidité, l'assurance que l'on vient de quelque part. Est-ce cela qui brûlait, ce soir du 15 avril 2019, la certitude d'une continuité, d'une stabilité ?

En fait, le projet du chef de l'État pour Notre-Dame, « haut lieu » de ses deux quinquennats, a été essentiellement – et presque uniquement – celui de l'exploit : relever Notre-Dame en cinq ans. Pourquoi cet impératif ? Il fallait s'assurer que la renaissance de la cathédrale s'achève avant que son propre pouvoir, lui, ne s'efface. Mais pas seulement. « Macron est dans la performance », décrypte encore Pelletier. Cette obsession de la réussite, du challenge, du défi, typique de la « start-up nation » du macronisme, s'est révélée aussi à Notre-Dame. Sonnant peut-être paradoxalement le glas du goût de la culture entretenu par ses prédécesseurs à l'Élysée. Cette obsession de la performance a balayé les autres considérations, comme celle d'accorder aux archéologues quelques mois supplémentaires pour exhumer le jubé médiéval.

Investir symboliquement Notre-Dame n'était pas, en soi, une volonté d'Emmanuel Macron. Il l'a fait porté par les circonstances, par opportunisme, en somme. Pour le chef de l'État, l'incendie est arrivé à point nommé. L'émotion collective qu'il a suscitée a permis de tourner définitivement la page de la crise des Gilets jaunes, qui avait fait vaciller le pouvoir, à l'hiver 2018-2019, rappelant, peu ou prou, les jacqueries de l'Ancien Régime. Le sentiment partagé à la suite du drame, l'inscription dans la continuité d'une histoire glorieuse pansaient un peu les plaies d'une société fracturée, séduite par les populismes. Tandis que, avec l'invasion de l'Ukraine par la Russie, la guerre revenait au cœur de l'Europe,

Emmanuel Macron multipliait les célébrations et les commémorations, renouant avec un certain patriotisme, Au-delà de son essence religieuse, Notre-Dame, la cathédrale qui a failli disparaître et qui se relève en un temps record, appartient, en ces moments d'incertitude, à ce qui rassemble et à ce qui rassure.

Chacun tient à sa préséance

Une sourde bataille oppose, au printemps 2024, l'Élysée et l'archevêché de Paris. Après cinq ans et demi de travaux, la réouverture de Notre-Dame, au début décembre, s'annonce solennelle et chargée de symboles. C'est un enjeu tant pour le pouvoir politique que pour l'Église catholique. Chacun entend signifier, à cette occasion, ce que représente, à ses yeux, la cathédrale. Le président Macron ne veut évidemment pas rater ce moment-là. Ni l'archevêque de Paris, Laurent Ulrich, qui, depuis sa nomination en 2022, s'est beaucoup investi dans le chantier.

Pourtant connu pour son caractère consensuel, le prélat résiste autant qu'il peut aux demandes présidentielles, qui paraissent exorbitantes à l'Église catholique. Personne ne veut céder une once de sa préséance, ni envoyer de signaux politiques ou religieux qui pourraient être mal interprétés. Rue Barbet-de-Jouy, où se situe l'hôtel particulier Viart-Rambuteau qui sert traditionnellement de résidence à l'archevêque de Paris, la réticence est forte à se voir remettre les clés de la cathédrale[1], ce soir du 7 décembre 2024, un scénario imaginé dans l'entourage présidentiel. « Pendant les travaux, l'Église catholique est demeurée affectataire », fait-on valoir à l'archevêché. Si les célébrations religieuses ont été suspendues, l'Église catholique est demeurée chez elle à Notre-Dame. Et refuse par conséquent la théâtrale remise des clés.

Les négociations sont encore plus âpres quant au discours présidentiel et au lieu où il pourrait être prononcé. Une intervention d'Emmanuel Macron à l'intérieur de la cathédrale, comme le souhaite la présidence ? « Ce n'est pas en accord avec les usages de la laïcité », tacle un membre de l'entourage d'Ulrich, traçant la ligne rouge à ne pas dépasser. L'archevêque souhaite cantonner le président au parvis, sans vraiment y parvenir. Que ce soient les autorités catholiques qui, dans cette affaire, défendent la laïcité est savoureux. Se retrancher derrière l'un des piliers de la République pour barrer (symboliquement) la route à Emmanuel Macron et marquer en même temps son propre territoire relève d'un art certain de la rhétorique. L'argument, en tout cas, est habile. Et recevable. Si l'on excepte, en effet, le cas d'une oraison funèbre, l'intervention d'un président de la République quasiment en chaire apparaît plutôt déplacée. Téméraire, Emmanuel Macron prend quand même le risque de se faire rappeler à l'ordre par les partisans d'une laïcité

1. La remise de clés était au demeurant fictive puisqu'il n'y a pas de serrures à Notre-Dame.

rigoureuse qu'il a souvent malmenés et heurtés. Et d'enflammer une polémique à un moment imaginé et voulu comme celui de la concorde et de l'unité.

Un monument de la culture mondialisée

Pour l'Église catholique, l'enjeu est aussi de taille. Est-ce pour cela que le conciliant Laurent Ulrich a autant pris soin de marquer son territoire ? En cinquante ans, le catholicisme s'est réduit en France au maigre champ d'une minorité. Il a besoin, pour exister, d'une forte visibilité, et met désormais en scène ses pèlerinages, ses grands rassemblements. La réouverture de la cathédrale doit lui fournir l'occasion de manifester sa présence au cœur de la société, comme Notre-Dame est au centre de Paris. Et de redire les liens puissants que l'Église catholique entretient avec l'histoire de la France. L'archevêché de Paris, qui entend donner du lustre à cette réouverture, a commandé un nouveau mobilier liturgique, créé par le designer Guillaume Bardet, et des chasubles dessinées par le styliste Jean-Charles de Castelbajac.

Ce dernier choix apparaît comme un remake étrange des Journées mondiales de la jeunesse (JMJ) de 1997 à Paris. Le même Castelbajac avait déjà conçu des chasubles qui à l'époque avaient fait sensation. Les JMJ avaient été un triomphe, l'ultime fierté avant un lent déclin et la crise majeure déclenchée par la révélation des affaires de pédocriminalité. Avec son succès de 1997, l'Église catholique de France s'était prise à rêver à une renaissance. Trente ans plus tard, y songe-t-elle encore ? C'est peu probable.

Quoi qu'il en soit, l'incendie de Notre-Dame a révélé un drame intérieur qui se joue au sein du catholicisme hexagonal. Dans un premier temps, l'émotion collective a rasséréné les troupes. Il y avait le feu. Matériellement. Mais aussi symboliquement. Cette année-là, la crise née des affaires de violences sexuelles dans l'Église catholique avait atteint l'un de ses paroxysmes. Mais, le soir du 15 avril, la société française tout entière pleurait Notre-Dame, et c'était comme un message signifiant que le catholicisme partageait encore un avenir commun avec un monde qui lui tournait de plus en plus le dos. C'était, en des temps troublés, comme une consolation. Qui a cependant vite cédé la place à l'angoisse de se faire déposséder. À trop aimer Notre-Dame, n'allait-on pas la séculariser ? La transformer en un musée comme la basilique de Saint-Denis ? À tort ou à raison, on ne sait, le clergé a soupçonné certains milieux culturels d'avoir ce projet.

Pour prendre ses marques, à la mi-juin 2019, Michel Aupetit, alors archevêque de Paris, prononce une homélie très offensive. Il réaffirme la vocation unique de la cathédrale en tant que lieu de culte catholique. Cinq ans plus tard, le recteur de Notre-Dame, Olivier Ribadeau Dumas, répète à son tour cette phrase : « Il n'y a pas de touristes à Notre-Dame. » Ancien patron des sanctuaires de Lourdes,

Ribadeau Dumas imagine que la cathédrale puisse être un puissant lieu de pèlerinage pour contrer, peu ou prou, le flot des touristes. L'attachement à l'édifice a « patrimonialisé » son identité religieuse, comme une sorte de détournement d'héritage. « L'Église catholique a peur de se faire déposséder de l'histoire même du catholicisme », analyse l'historien Denis Pelletier.

« Jamais Notre-Dame n'a été aussi belle »

Entre le président et l'archevêque, la querelle de la réouverture a ravivé des débats très français. Parlent-ils aux quinze millions de visiteurs qui, chaque année, sont annoncés à Notre-Dame après sa réouverture, bien plus qu'au musée du Louvre (neuf millions) et même qu'à la basilique Saint-Pierre de Rome (sept millions) ? Que le surtourisme déprime et agace ou pas, à l'orée du XXIe siècle, Notre-Dame est l'un des grands monuments de la culture mondialisée. Cet attrait international, André Finot, qui a partagé pendant dix ans le destin du monument, est sans doute celui qui en parle le mieux. Il fourmille d'anecdotes, lance les noms de nombreuses célébrités pour qui il a dû organiser de discrètes visites. « Leur truc, c'était d'être seuls à Notre-Dame », dit-il. À part la famille Obama, personne n'a eu ce privilège. Le souvenir qui le touche ? Sans doute l'attachement à Notre-Dame de Jill Biden, l'épouse du président américain, qui, du temps où son mari était vice-président, venait à peu près tous les six mois. « Elle assistait discrètement à la messe de huit heures et demie », raconte Finot.

Personne ne peut expliquer ce qui, au début du XXIe siècle, attire autant les foules à Notre-Dame. Est-ce finalement l'héritage de Victor Hugo, dont le célèbre roman fut décliné en opéras, ballets, films, comédies musicales, dessins animés ? *Le Bossu de Notre-Dame*, devenu un classique depuis le milieu des années quatre-vingt-dix, a enchanté des générations d'enfants. À l'âge adulte, ils fredonnent encore : « C'est l'âme de Paris qui s'enflamme, quand sonnent les tours de Notre-Dame. » Comme un clin d'œil, le PDG de Walt Disney assistera en décembre 2024 à la réouverture de la cathédrale. C'est à ces foules anonymes, admiratrices de Hugo et de ses continuateurs, qu'appartient aussi le monument.

De ses hauteurs, on aperçoit la coupole du Panthéon, où repose l'immense écrivain, conduit là le 1er juin 1885, au terme de grandioses obsèques nationales auxquelles assiste une foule de deux millions de Parisiens. « Je refuse les oraisons de toutes les églises ; je demande une prière à toutes les âmes. Je crois en Dieu », écrit Hugo dans son testament. Parti de l'Arc de Triomphe, le cortège funèbre évite Notre-Dame. Que l'écrivain a pourtant sauvée de la ruine. Près d'un siècle et demi plus tard, et cinq ans et demi après son incendie, « jamais Notre-Dame n'a été aussi belle », se réjouit Jean-Michel Guilment. « La cathédrale reste la même, mais c'est aussi une autre. Elle était sombre, elle est devenue lumineuse. » Comme un aboutissement et un recommencement. Qui donnent raison à Hugo qui écrivait dans *Notre-Dame de Paris* : « Les grands édifices, comme les grandes montagnes, sont l'ouvrage des siècles. [...] L'homme, l'artiste, l'individu s'effacent sur ses grandes masses sans nom d'auteur, l'intelligence humaine s'y résume et s'y totalise. Le temps est l'architecte, le peuple, le maçon. »

Les chaises « silencieuses » de Ionna Vautrin

L'aventure du chantier de Notre-Dame est restée majoritairement une affaire d'hommes. On y a croisé peu de femmes, quelques restauratrices de peintures, la conservatrice du patrimoine, Marie-Hélène Didier, et la designer Ionna Vautrin. Mais elles ont compté. Sans faire d'esbroufe. Comme Ionna Vautrin, la conceptrice des nouvelles chaises, une très belle réussite. La designer, perfectionniste avant tout, n'est pas du genre à se mettre en avant. Elle a été choisie un peu au dernier moment, le 23 juin 2023. C'était après l'échec retentissant d'une idée fumeuse de bancs lumineux. Comme beaucoup d'autres, la designer a dû jongler avec les délais. Ne pouvant se rendre sur le chantier, elle raconte qu'elle s'est nourrie de « beaucoup de livres » et intéressée à l'architecture du bâtiment. Pour dessiner sa chaise, elle explique s'être appuyée sur les rythmes propres de la cathédrale, « l'enchaînement de ses colonnes et de ses colonnettes ». Ionna Vautrin parle presque de musicalité. Une chaise, explique-t-elle, « est un élément un peu particulier ; il ne fait pas partie de l'architecture. En même temps, il doit entrer en dialogue avec cet espace incroyable ». Celle conçue pour Notre-Dame veut entrer en écho avec le rythme de la cathédrale.

La designer voulait que cette marée de chaises dans la nef (1 500 au total) ne soit pas envahissante. Elle qualifie même les siennes de « silencieuses », selon un terme tiré du cahier des charges. Pour y arriver, Ionna Vautrin a choisi une chaise à barreaux, comme un rappel des colonnettes de l'architecture. « Cela crée de la transparence », explique-t-elle. Elle a aussi abaissé la hauteur du dossier. « C'est un risque que j'ai pris. » Cela a fait craindre à certains qu'elles ne soient pas confortables ; ils se sont trompés. Fabriquées en chêne massif, elles avaient d'abord été conçues dans une teinte claire, qui a finalement été foncée pour mieux s'accorder au mobilier liturgique, en particulier l'autel.

Avant même d'être installée à Notre-Dame, la marée de chaises de Ionna Vautrin a déjà beaucoup séduit. L'entreprise Bosc, la chaiserie qui les a fabriquées dans les Landes, a reçu de nombreux appels de personnes qui voulaient en acquérir. Malheureusement pour les amateurs et les esthètes, elles sont bel et bien réservées à la cathédrale.

Pourquoi Notre-Dame a-t-elle brûlé ?

L'enquête est l'une des plus secrètes de ces dernières années. Officiellement ouverte le 26 juin 2019, elle est menée par trois juges d'instruction pour les motifs de « dégradation involontaire par incendie, par violation manifestement délibérée d'une obligation de prudence ou de sécurité imposée par la loi ou le règlement intervenues dans des conditions à exposer les personnes à un dommage corporel ». En fait, très peu d'informations ont filtré depuis cette date malgré l'intérêt d'un large public. Sollicité à plusieurs reprises, le parquet de Paris, seul habilité à s'exprimer officiellement, n'a pas donné suite.
Comment et pourquoi Notre-Dame a-t-elle brûlé ? Malgré le silence des enquêteurs, quelques certitudes peuvent être énoncées. L'incendie n'a pas été provoqué volontairement. Aucune trace d'accélérateur de flammes n'a été détectée par les analyses de la police scientifique. Il ne s'agit pas non plus d'un attentat. Qui, si cela avait été le cas, aurait été revendiqué en bonne et due forme au regard de l'aspect très spectaculaire de l'incendie et de son écho mondial. Malgré cela, les thèses complotistes circulent toujours, évoquant notamment un homme identifié sur certaines vidéos comme l'incendiaire. C'est vrai que la cathédrale est un lieu qui attire les intrusions. Cela a été le cas, y compris pendant la durée du chantier de restauration. Avant l'incendie, escalader les tours pendant la nuit était l'un des défis préférés des communautés de « grimpistes ».

La deuxième certitude est qu'une défaillance humaine a ralenti la lutte contre le feu. L'agent de la société Elytis chargée de la surveillance, peu formé et enchaînant deux gardes l'une à la suite de l'autre, n'a pas correctement interprété les signaux de l'alarme, confondant les combles de la sacristie et ceux de la nef. Grosso modo, une demi-heure a été perdue après le déclenchement du drame, à la fois pour certifier qu'un incendie était effectivement en cours et déterminer d'où il partait. Pour des raisons d'économie, le dispositif de sécurité, placé sous l'autorité de l'architecte des bâtiments de France, qui, traumatisé, a demandé sa mutation, avait été allégé. La société Elytis, elle, a été dissoute.

La troisième certitude porte sur l'endroit d'où l'incendie est parti, à l'angle sud-est de la flèche. Cet élément a été confirmé de plusieurs sources concordantes, même si l'information, à ce jour, n'a pas été rendue publique officiellement. Au cours du démontage de l'échafaudage incendié, édifié pour rénover la flèche, la police a expressément réclamé à être présente lorsqu'on atteindrait cette zone de la structure. Plusieurs éléments de celles-ci ont été recueillis et analysés. Selon le journaliste Didier Rykner[1], le feu aurait pris dans une sablière, une grosse poutre à la base de la charpente, située justement à l'angle sud-est. Cette information nous a été confirmée par une source proche du dossier.

Quelle source de chaleur a embrasé la sablière ? C'est là que réside l'énigme. S'agit-il d'un court-circuit

1. *Notre-Dame, une affaire d'État*, Les Belles Lettres, Paris, 2023.

électrique ? D'un mégot de cigarette ? La deuxième thèse paraît très peu vraisemblable, même si des mégots ont été effectivement retrouvés sur des échafaudages extérieurs. Il paraît également impossible que des ouvriers aient fumé eux-mêmes à l'intérieur, dans les combles de la nef. Si l'on exclut l'hypothèse de l'incendie volontaire, ce qui est semble-t-il toujours le cas du côté des enquêteurs, la thèse du court-circuit électrique demeure à ce jour la plus plausible. Met-elle en cause les intervenants du chantier ? Le système d'électrification des cloches ? Ce dernier, selon le régisseur de la cathédrale, qui a transmis ces éléments à la justice, avait été contrôlé quelques jours avant le drame. Quant à l'entreprise chargée du montage de l'échafaudage, elle avait également fait certifier les installations électriques provisoires, mises en place pour les travaux.

Il faudra attendre patiemment les conclusions de l'instruction judiciaire pour y voir clair. Quoi qu'il en soit, le sujet reste très sensible, réduisant la justice au silence jusqu'à la réouverture de la cathédrale. Et peut-être au-delà.

Table

Avant-propos.. 7

Nuit tragique à Notre-Dame
(15 avril 2019) 11
La cathédrale souffrante
(Sur les terrasses de Notre-Dame, juillet 2019).... 25
La bataille de Notre-Dame
(Avril-novembre 2019) 41
La malédiction de l'échafaudage......................... 53
Les deux mille chênes de Notre-Dame
(Dans la forêt de Bercé, 5 mars 2021)........... 69
La cathédrale convalescente
(Sous les voûtes, avril 2021)........................... 83
Heurs et malheurs des tableaux de Notre-Dame
(Essonne, mai 2022).. 97
Un face-à-face inédit avec les vitraux
(Juillet 2021) 113
Des chimères et des anges
(7 décembre 2022) 127
Quand Notre-Dame renoue avec son passé :
le jubé médiéval, une découverte majeure....... 143

Notre-Dame relevée
(Sur les toits, juin 2024) 159
Le réveil de l'orgue, une alchimie de sons
(Juillet 2024) 179
Une cathédrale, pour quoi faire ?
Le président, l'archevêque et Victor Hugo...... 193